－高校家庭科教科書の検討から－

求められる家庭科の変革

いのちと生活の尊重をめざして

高校家庭科教科書検討会 編

ドメス出版

えがき

では、読者の皆さまに、家庭科の学びの世界を知ってほしいという
って、6つの論稿を載せています。その内容は、日本において、ジェ
等を切り拓いた男女共修家庭科の実現を含む戦後の家庭科教育の歴
近注目されている「ケア」の価値とグローバル社会における家庭科
学習指導要領の特徴や今後の家庭科教育について述べています。

では、著者がそれぞれ関心の深い内容を選んで執筆するという方式
した。それは第Ⅱ部の執筆者は全員、長年家庭科教育の実践に携
ており、家庭科の内容への問題意識の着眼点の確かさを検討のなか
認識してきたからです。ホームプロジェクト・学校家庭クラブ活
文化など家庭科のなかで確固とした位置を占めてきた内容、家族・
など将来生徒たちが直面する課題である内容、マスコミ等でも関心
投資や自助・共助・公助等、経済や福祉に関する内容、さらに、気
食料危機など人類の世界的課題にかかわるものなど、10の論稿と
ます。

子の第Ⅰ部のタイトルは、「経済優先から生活重視の教育へ」、第Ⅱ
トルは、「視野を広げ、共同する学びへ」です。本書がどのような
変革を考えているかは扉のタイトルに凝縮されているようにも思い
済活動も含めて人間のすべての活動を支えているのが生活です。大
は、その生活の学びの範囲を教科の枠で線を引くのではなく、視野
考え、着地の生活に戻ることです。そして、この歴史の節目に、カ
て新しいものを作り出すという共同という意味をこめたいと思いま

、この冊子に対するご意見、ご批判をお寄せいただきますよう、切
申しあげます。

「高校家庭科教科書検討会」

世話人　鶴田　敦子

まえがき
——歴史の節目に考えること

　2019 年 12 月、新型コロナウイルス感染症が報
たく間に世界中に蔓延して 3 年余が経過しました
さまざまなことを考え感じてきたと思います。筆
のちとふだんの生活を守る土台が、日本は、非常
でした。食料だけでなく、マスクをはじめ衛生・
ていること、低い収入のなかでその日暮らしの生
こと、そして子どもや若もの、とくに女性の自彩
例です。

　この思いは、いのちを育て守り、生活の安定と
内容はどうなっているかということを、改めて訓
変わりました。筆者は長いこと家庭科教育に携れ
習内容を知らないわけではないのですが、"改め
節目ともいえる出来事に出会った時、これまでを
ないという思いからです。加えて、家庭科が依お
「人類の福祉に貢献すること」を、学習指導要領
築」を掲げています。やや直裁的ないい方をすれ
と、結びついているのかどうかを、見極めたいと

　そこで手始めに、高校で、もっとも多く採用
について、家庭科の教科書会社 6 社、計 10 冊
ているところもある）の検討を始めてみようと居
た。日本の場合、教科書は検定教科書なので（ā
導要領の記述内容も同時に視野に入れることにな
元高等学校教員と教科書検討を始めました。途中
係者も加わり、計 12 名で、家庭科教育の歴史、
て意見交換をしながら、2 年余をかけて教科書内
の結果を「高校家庭科教科書検討会」編として

高校家庭科教科書の検討から
求められる家庭科の変革

＊もくじ

装丁　竹内春恵

第Ⅰ部

経済優先から生活重視の教育へ

1　家庭科はどのような教科か？
──人として生きるうえで欠かせない学び

齊藤　弘子

1　若ものの意識変革を起こしている家庭科

　男女が共に学ぶ中学校「技術・家庭」は 1993 年、高等学校「家庭」は 1994 年からの教育課程で実施されました。あれから 29 年余が経過し、当時の高校生世代は、いまや 40 歳を過ぎています。

　男女が共に学ぶ家庭科は、社会にどのような変化をもたらしたのでしょうか。いくつかの事例を紹介したいと思います。

（1）「いまどき夫は、家庭科の申し子」

　「『いまどき』夫は、家庭科の申し子」というフレーズが、「共働き家族・専業主婦家族比較調査」（旭化成共働き家族研究所、1998 年から実施）による、2014 年調査分析のなかで使用された言葉です。同年 7 月に研究所が報告した「いまどき 30 代夫の家事」については、「かつてのような妻に頼まれてやるような受け身の『家事参加』というのではなく、自ら積極的に臨む『家事関与』で、その背景には、楽しみながら、かつ家事をする父親の姿が子どもに良い影響を与えるという意識があり、夫自身が家事を前向きにとらえているからだと考えられます」とあります。

（2）若もののジェンダー意識の変化

　『47 都道府県「選択的夫婦別姓」意識調査』（早稲田大学法学部棚村政行研究室実施、2020 年 11 月 18 日発表「年代による違い」より）によれば、

選択的夫婦別姓について「20 代〜30 代は賛成率が高く、40〜50 代はそれにくらべると低めとなっています。この境目は、男女共同参画社会基本法（1999 年）や技術・家庭科の共学化（1989 年）といった、性別によって役割を決めつけない社会をつくろうという取り組みがなされた時期」とコメントし、男女が共に学ぶ家庭科が役割を担っていると分析しています。

（3）育児をうたった男性の短歌（2019年）

　以下は、新聞等に載った育児をうたった男性の短歌をピックアップしたものです。

　　　桑の葉を食べてきたような緑便が泣く子の尻の下にあらわる
　　　みどりごは見ることあらぬイラストの虎の子見つつ襁褓を換える
　　　嗚呼、君の代わりに身籠りたしと思ふことの心底なるは卑怯ぞ
　　　砕けつつ樹のうらがへる音をたてぼくらはまつたき其の人を産む
　　　ペットボトル八分目まで水を入れて胎児の重さ片手で想ふ

　中・高の家庭科で男子も「保育」分野を学ぶなかで、一人ひとりの人生に深くかかわっている家庭科学習の一端が、これらの男性の短歌に示されたのだと思います。

（4）「将来生きていく上で重要な教科は？」に8割の男女高校生が家庭科をあげる

　少し古い調査ですが、高校 1 年生対象の大学進学者割合区分別で、「あなたが将来生きていく上で重要な学習」を各教科について質問しています。（国立教育政策研究所「中学校・高等学校における理系進路選択に関する調査」最終報告 2013 年）。

　「将来生きていく上で重要な教科は？」に「とても重要」「重要」合わせ、高校 1 年生 8 割の高校生が家庭科をあげています（表1 参照）。

　この調査を見て、学校での学びは受験だけのためではなく、自分の人生を切り拓いていくための学びもあるのだ、といった高校生の叫びのようなものを受け止めました。誰のものではない自分の人生を通して、個人の尊厳やジェ

表1　家庭（家族・育児・衣食住等）について

	とても重要だ	重要だ	あまり重要でない
大学進学希望・9割以上の高校	40%	41%	14%
大学進学希望9割未満6割以上の高校	39%	41%	14%
大学進学希望6割未満3割以上の高校	38%	41%	16%

ンダー平等を守っていくうえで、何が必要なのか、そんな学びを家庭科教育で創っていかなければと強く思います。

2　戦後、新設された家庭科
——文部省が示した家庭科の誕生

　戦後、社会科と共に新設された家庭科について、中学校以上の女子のみ必修からどのような経過で男女が共に学ぶ教科となったのか、歴史をたどりたいと思います。

　戦後、新憲法下での文部行政では「家庭科の学習は男女共に」を強調していましたが、それは小学校のみにとどまりました。中学校以上は当初は男女共に選択制の職業（家庭を含む）が設定されましたが、1960年代以降、男女別教育課程が大手を振るうようになります。

3　中学・高校の家庭科
——男女別教育課程から男女同一の教育課程へ

（1）男女で異なる教育課程がはじまる

　1950年代の中学校では、ほぼ性別にかかわりなく「職業・家庭」からの学校選択であったのが、1958年改訂の中学校学習指導要領では、「男子向き」として技術科の科目を設置し、「女子向き」は家庭科が指定されました。この背景には、1957年、ソ連の宇宙ロケットが月に着陸成功したことにあります。日本も、その一翼となっていたアメリカを中心とした陣営は、急速な科学技術の開発に迫られ、中学校に技術科を設置しました。

　高等学校では、1956 年学習指導要領は、「職業についての 6 単位中、女子については家庭科の 4 単位を履修させることが望ましい」、1960 年学習指導要領では「女子について『家庭一般』4 単位、ただし事情がある場合は 2 単位まで減ずることができる」と女子のみ家庭科必修が強まっていきます。

　高校での性別教育課程をさらに固定化したのは、1970 年（実施 1973 年〜）の学習指導要領からでした。高校では男子は家庭科の 4 単位分について、体育、しかも指定された種目は格技で、全国の高校に格技棟が建設されていきました。

（2）経済政策が求めた性別教育課程

　この背景には、1960 年代以降、経済の高度成長をめざす日本が、長時間働く男性労働者とその労働者を支え、かつ、将来の労働者である子どもを産む役割を担う家庭の主婦という「性別役割分業」を経済政策として進めたことにあります。

　そして、それは労働政策としても展開されました。女性の雇用は若年雇用では正規雇用でも、出産等を契機に仕事を辞め、中高年になってから再びパートタイマー等の非正規で雇用されるという「M 字型雇用」形態が政策的に取り入れられ、女性の低賃金構造を定着させました（婦人少年問題審議会建議「中高年の婦人の労働力有効活用に関する建議」1966 年、家庭生活問題審議会答申「期待される家庭像」1968 年）。

　以上の政策を遂行していくために、産業教育審議会は、「性別役割分業を前提にした」支える学校教育を推進し、中学、高校の教育課程に性別教育課程が前面に出されたのです。

　その一方では、働く女性が増加するなかで、「産休」の設定、「ポストの数ほど保育所を」といった、女性が働き続けられる条件整備の要求を、政府の施策として扱わせようという取り組みが、労働組合や地域住民の側から活発になっていきます。

（3）自主的な男女共に学ぶ家庭科、技術科の授業実践

　当然、中学・高校生たちの反発が起こりました。中学生男子から「家庭科を学びたい」、女子からは「技術科に興味ある」、高校生たちも同様でした。一方、全国各地の中学、高等学校の現場では男性教師、女性教師にかかわらず、男女別教育課程を固定化するのは教育基本法に反する、中学生、高校生は固定化を望んでいない、という声が大きくなっていき、男女平等な教育課程を実現しようと、学校の教育課程検討が活発に行われはじめます。

　1960年代からすでに全国には定時制高校などを中心に、家庭科を男女共に実践している例があり、お手本を示してくれました。

　多くの学校現場で、男女共通の教育課程（カリキュラム）を策定するための会議が積み重ねられ、学習指導要領にない自主的カリキュラムの検討とそれを実践するための方策が職員会議で検討されました。家庭科教員は近隣の学校に集まり、すでに男女共学の家庭科を行っている実践から学ぶなど、研究会を熱心に行う姿があちこちで見られました。

　そのようななかで、京都、大阪、長野、東京、北海道等をはじめ、全国で、男女が共に学ぶ中学校「技術・家庭」、高等学校「家庭一般」を教育課程に組み込むための職場の討議や、男女が共に学ぶ「技術・家庭」「家庭一般」の学習内容の検討や、教材開発、実践検討が行われ、各地で自主的に男女が共に学ぶ家庭科の実践活動が進められました。この自主的な研究会は、男女が共に学ぶ家庭科の実践に向けて、多くの家庭科教員を励まし、実践への勇気と展望をもつことができるなど、弾みをつけました。

（4）「家庭科、なぜ！ 女だけ」
──「家庭科の男女共修をすすめる会」（1974年）発足

　国連が国際婦人年と決めた1975年の前年、1974年に教育研究者や市民、国会議員等が中心となり「家庭科の男女共修をすすめる会」が結成されました。マスメディアの関心も高く、学校現場の男女共通な教育課程実現への取り組みを大いに勇気づけました。

　同会は男女別カリキュラムの問題点を広く社会に訴え、「家庭科の男女共修をすすめる要望書」では1万8000筆の署名を集め、多くの人に男女別学の弊害を知ってもらいました。

　先行実践の男女共学の教育実践の話を聞くなど、研究会を積み重ね、そのなかで中学校、高等学校共に、カリキュラムの男女平等を実現することへの確信をつかみ、中学校の「技術・家庭」、高等学校の「家庭一般」は男女共に学ぶ教科にすべきと、マスメディア等にも積極的に訴える活動を行いました。メディアは、全国各地の男女が共に学ぶ家庭科の実践を放映しました。

　さらに、長い時間をかけて、文部省関係の審議会委員一人ひとりを訪問し、文部省担当官に訴え、さらに国会議員へのロビー活動などが活発に行われました。1976年には国会内で「各党の婦人政策を聞く会」、国会外でも「各党の婦人施策を聞く会」「各党の教育政策を聞く会」と精力的に集会をもち、「家庭科の男女共修」に向けて、大きな力になりました。

　市民の側からのこの取り組みは、マスメディアを動かし、家庭、技術・家庭の男女共に学ぶカリキュラム実現に、大きな力を発揮しました。

（5）男女での別学体制変更を答申
——中学・高校の学習指導要領（1989年）

　現場の支持を得て行われ、全国に広まった中学、高校共に家庭科、技術科を男女共に学ぶという自主的な男女平等の教育実践と共に歩んできた、広く市民の応援を得た「家庭科、技術・家庭は男女共に学ぶ教科へ（家庭科の男女共修を実現する）」の取り組みは、10年以上の年月が必要でしたが、ついに1986年の教育課程審議会で、「中学校の技術・家庭の男女枠を広げる。高校の家庭科は男女共、選択必修とする」の答申を引き出し、1989年学習指導要領改訂（中学校、高等学校共に1989年告示）に大きく影響を与えました。

　市民の、学校現場の取り組みは、中学、高校の学習指導要領を従来のものと真逆なものに大きく転換し、ついに中学・高校の家庭科、中学の技術科が男女共に学ぶ教科として設定されたのです。画期的なこの出来事は、全国の家庭科教員の大きな喜びと共に迎えられました。

　この市民や学校現場の力で教育課程を変えたという、これまでの学習指導
要領の改訂ではまったく見られなかった偉大な出来事を、みんなで記憶にと
どめたいと思います。と同時に、男女共に学ぶ家庭科が本当に学びがいのあ
る教科にしなくてはと、強く思います。

（6）「女性差別撤廃条約」批准も大きな力に

　「女性差別撤廃条約」は 1985 年に国内で発効しました。

　批准には、「女性差別撤廃条約第 10 条（教育における男女平等）」に抵触
しないため学校教育における男女差別是正は、待ったなしの課題でした。

　1985 年の国会では、学校教育における男女平等教育の課題が長い時間を
かけて討議されました。ここでは、家庭科、技術科を男女共に学ぶ課題だけ
でなく、あらゆる教科に男女平等が貫かれることの必要性が質疑でだされま
した。今までの憲政の歴史になかった、教育における男女平等の論議が国会
で時間をかけて行われるなかで、教育課程における男女差別——中学校での
「技術・家庭」、高等学校での「家庭」、および「体育」の男女での単位数差は、
1989 年告示の学習指導要領で是正されることになりました。

　男女が共に学ぶ教育課程の中学校「技術・家庭」は、1993 年から、男女
が共に学ぶ高等学校「家庭一般」は、1994 年からの教育課程で実施が決まり、
「体育」における格技やダンスの男女別もなくなりました。

4　これからに向けて
——家庭科教育の役割は大きい

　2022 年 4 月、18 歳成年が実現しました。18 歳主権者は 2016 年から実施
されています。高校 3 年生で主権者、成年を迎えます。それを彼ら当人たち
が歓迎できるようにするために家庭科で何ができるのか、検討が必要です。

　今から 140 余年前、1876（明治 9）年、太政官布告で「成年は 20 歳」と
宣告され、戦後の新憲法下でも改定されず、世界では当たり前の「18 歳は
子どもでない」が、ようやく実現したのです。

　私は、この18歳成年を、若ものたちが「待ちに待った!」と喜び合える
ものにしていきたいと願っています。そのためには教科書に限定されずに、
家庭科で高校生たちが18歳成年に向けて学びたいと考えている課題を追求
し、生活の隅々に主権者としての意識が形成される実践ができればと強く
思っています

（1）自己肯定感が低い日本の青少年の状況
　　──自己肯定感を低める学習内容にしてはならない
　内閣府は2018年に「日本の若者の現状〜国際比較からみえてくるもの〜」
を報告しています（以下、2018「内閣報告書」）。これは、日本だけでなく韓
国、アメリカ、イギリス、ドイツ、フランス、スウェーデンの若ものとの比
較の報告です。また2013年に行った調査との比較も行われています。以下、
報告します。
　日本の若ものは、自分自身をどのように捉えているのでしょうか。
　自分自身のイメージで、質問「自分は役に立たないと強く感じる」に「そ
う思う」「どちらかというとそう思う」は半数を超える51.7%が回答してい
ます。また、「自分には長所があると感じる」（62.3%）と回答した割合は諸
外国の若ものに比べ低く、2013年度調査より、さらに6.6ポイント低くなっ
ています。
　質問「自分自身に満足している」について、「そう思う」「どちらかといえ
ばそう思う」と回答したのは45.1%で、諸外国でもっとも低い割合です。もっ
とも高いのはアメリカ88.0%、次がフランス85.8%、韓国は73.5%でした。
日本の前回（2013年）調査と比較してわずかですが、1%低くなっています。
　質問「自己診断について」は16の項目が設定されていますが、そのうち
一つだけ紹介したいと思います。
　「人生で起こることは、結局は自分に原因があると思う」に「そう思う」「ど
ちらかといえばそう思う」に72.2%が回答しています。前回との比較では
わずか0.2%減少していますが、7割以上の若ものは、自分の不幸は自分の
せいだと考えていることがわかります。

　子ども・若ものの自殺が増えていますが、教育で「不幸は自分のせいで、自分でなんとかしなければいけない」といったメッセージを伝えてはならないと強く感じます。

　日常の生活そのものを題材にしている家庭科教育を通して、若ものたちの自己肯定感を高める応援ができる内容になることをめざしたいと願います。また18歳成年を決めた2022年度から使用される「家庭基礎」教科書にもそのような役割を期待したいと思います。

　その視点から2018年改訂学習指導要領とそれに基づいて作成された新「家庭科教科書」の検討を行い、学習指導要領の問題点を乗り越え、高校生を励ます実践を進めていくことが必要だと痛感します。

（2）「家庭基礎」学習指導要領で自己責任の強調
――2009年改訂と比較して2018年改訂の目標の特徴

　1）家庭科および各科目目標、共に2018年度改訂は記述量が大幅に増えています。それだけ、教科書の内容にしばりが加わります。

　2）「生活を主体的に営む」など、「主体的」を強調し、自己決定を意識させる内容になりかねない問題をはらみます。

　3）「生涯を見通して課題解決」は、主体的に生涯を見通してと受け取れる内容で、ここでも重ねて生涯の自己決定が追及されています。生徒たちを自己責任でがんじがらめにしないようにすることを踏まえることが必要です。

（3）「主権者としての生活者」に向けての家庭科の学び
――18歳成年、18歳主権者に確信をもてる学びに

　家庭科の学習で、18歳成年を自己責任強調でがんじがらめにするのではなく、世界の若ものたちにとって当たり前の、人生で意思決定できる年齢になったことを、高校生自身も他の人とも喜び合う学習を期待します。

　今、中学・高校生たちが自分の学校生活を快適にしたいと、校則の見直しに取り組んでいます。東京都では2022年4月に頭髪の色、髪型、下着の色などを決めた校則についての見直しを通知しています。また気候変動は、自

分たちの将来の生活に大きくかかわると取り組んでいます。これらの根底にあるのは衣食住をはじめ、自分の生活を快適なものにしていきたいという欲求です。家庭科での学びを現実の生活に生かしているなかで生まれた要求です。

　主権者としての学びは、日常の生活を快適なものにしていくための学び、人権が無視されることがあれば、それを訂正させる学びです。生活の学びは、どの領域でも主権者としての生活者の学びを設定することができます。

　そのためには高校生たちが、自分のまわりの人々の日常の暮らしに関心を寄せ、「これは変だな？」と感じたことをまわりの人たちと（大人でも、クラス仲間でも）気楽に話題にしあう経験をたくさんもつことが必要だと感じます。他の人の話から次の新たなテーマが見つかるような実践がたくさんできることを期待します。

　大事なことは自分や他の人の生活、暮らしへの関心を広げ、疑問があればそれを追求する力を培っていくことです。そこから新たな学びのきっかけも見つかります。

　今はＩＴ機器で調べる傾向がありますが、大事なのは目の前の生きた人々の生活、暮らしの実態に目を向けることです。どの領域の学習でも、そこに触れるような実践にチャレンジしてほしいと願います。

　誰のものでもない、主権者としての自分の人生を、未来の社会に目を向け、考え、生活者として人とつながりながら生きていくきっかけとして家庭科の学びが役立ち、自分の生き方に展望がもてる、そんな家庭科の学習になることを願います。

5　ジェンダー平等の実現、発展のために家庭科教育の役割

　「第2次男女共同参画基本計画」（2005年）のもと、2006年版「男女共同参画白書」（内閣府）で「地方公共団体においてジェンダーフリーを使用しない」が記述され、ジェンダーバッシングにつながりました。

　非自民政権下での「第3次男女共同参画基本計画」（2010年）を除いて「第

4次」（2015年）も「ジェンダー」は外務省関係の施策でのみ扱われる状況でした。一方2020年の「第5次男女共同参画基本計画」では、これらと大きく違い「基本的な方針」で「ジェンダー平等」が記述されています。SDGsの取り組みではジェンダー平等が大きく扱われる等、世論が大きく反映したのだと確信します。

　この情勢は、高校家庭科教科書編集にも反映したのか、2022年度から使用される6社10冊の「家庭基礎」教科書のすべてにジェンダーやセクシャルマイノリティが現行教科書より多く記述されました。ジェンダーギャップ指数を扱う教科書もありますが、用語解説など、まだ高校生にわかりやすく説明しているとはいえないと感じました。

　多様な性についても、教科書による多少の違いはあっても、レインボーフラッグの写真等を掲載し、LGBTやSOGIを解説し、パートナーシップ制度や事実婚等を扱っているものもあります。一方、夫婦別姓（氏）に関しての記述は少ない状況です。

　「主権者としての生活者」の大事な視点であるジェンダー平等に向けて、とくに生活の隅々に男女平等（ジェンダー）実現に向けて、家庭科の学びがさらに大きな力になっていくことを期待したいと思います。

引用文献

旭化成共働き家族研究所（2014）『共働き家族・専業主婦家族比較調査』
国立教育政策研究所（2013）「あなたが将来生きていく上で重要な学習」『中学校・高等学校における理系進路選択に関する調査』

参考文献

婦人少年問題審議会（1966）『中高年の婦人の労働力有効活用に関する建議』
家庭科の男女共修をすすめる会編（1997）『家庭科、なぜ女だけ！』ドメス出版
家庭生活問題審議会（1968）答申『期待される家庭像』
内閣府（2005）『第2次男女共同参画基本計画』
内閣府（2006・2010）『男女共同参画白書』『第3次男女共同参画基本計画』
内閣府（2018）『日本の若者の現状〜国際比較からみえてくるもの〜』
早稲田大学法学部棚村政行研究室（2020）『47都道府県「選択的夫婦別姓」意識調査』

2　人類に不可欠なケアという活動

綿引　伴子

1　"ケア"の検討

　2018年の学習指導要領および学習指導要領解説（「家庭基礎」）には、「ケア」という文言は、「(4)　高齢期の生活と福祉」の解説に「……地域包括ケアなどを取り上げて、高齢者を取り巻く社会の課題について考えることができるようにする。」とあるのみです。「家庭総合」でも同様です。

　近年ケア論が急速に浮上しており、教育学や社会学、政治学等において議論されています。家庭科の学習指導要領や教科書では、「ケア」についてはまだ書かれていませんが、今後教科書に登場することが予想されます。後述するように、ケアは家庭科の内容と大変関連していますので、本章ではケアについて検討することにします（第Ⅰ部3参照）。

（1）ケアとは何か

　ケアの倫理研究の第一人者である岡野八代によると、次のダニエル・エングスターの定義がケアの一般的定義と捉えられます。

　　ケアすることとは、わたしたちが直接的に諸個人を助けるためになすあらゆることと定義されよう。それは彼女／彼らの命にかかわる生物学的ニーズを満たすこと、彼女たちの基本的な潜在能力を発展させたり、維持したりするために、そして、不必要で、あるいは望ましくない痛みや苦しみを避けたり、緩和したりするためである。それによって、彼女たちは、注視・応答・敬意に満たされながら、社会のなかで生き延び、成長し、働くことができるようになる（岡野　2012）。

　さらに、トロントとフィッシャーは「人類的な活動 a species activity であり、私たちがこの世界で、できるかぎり善く生きるために、この世界を維持し、継続させ、そして修復するためになす、すべての活動」（トロント 2020）と広く捉えています。

　広く捉えることには、ケアは私的な領域に収まるものではなく、あらゆる生活の場にケアが偏在し、「政治的概念」である意図が込められています（岡野　2012）。また、あたかも「人類の活動」ではないかのように、価値を認められず、時にさげすまれてきたことへの問題提起が含まれています。

　以上から、ケアとは、すべての人にとって、人権を基底においた、生命の維持活動と人間相互の関係性を保持するための必要不可欠な活動であり、一人ひとりの個別のニーズや状況に対して注視し、敬意をもって直接的に応答する相互行為の実践といえます。

（2）ケアをめぐる課題
──ケアとジェンダー

　近代以降、他者や外界への依存をせずに、自由意志をもち、自由に善を構想する人を市民とみなしてきました。誰にも依存しない自立した合理的な人間です。その前提には、公私二元論が貫かれています。公的領域は上述の市民からなり、政治を扱います。私的領域は、家族的なるもので公的領域から隠されています（岡野　2012）。

　この市民像には、何でも自分でマネージできる “強い人間（＝男性）” のみが想定されていること、それゆえ多様性が排除されていること、しかし、自らが私的領域に依存していることを不問にし、あらゆる人間が何らかの依存関係のなかで成長し、生活することが否定されていることなど、疑問の多い市民像であり人間像です。つまり、ケアの実践は、市民から排除された女性たちに家事・育児・介護の負担を課し、発言権を奪い、私的領域に留めて、それを不可視化し行われてきたといえます。

　このような近代の思想の矛盾や限界は、フェミニズムにより自明のものとなりました。フェミニズムは、「個人的なものは政治的なものである」をスロー

ガンに、母役割や妻役割など私的な領域のすみずみまで支配と抑圧の権力構造が組み込まれていることを訴えました。

　モノを生産する男性の職業労働（生産労働）による経済成長は、家族愛や助け合いを理由に女性の無償のケア労働（家事労働・育児・介護）（再生産労働）によって支えられてきました。女性のケア労働を利用することで経済成長を遂げましたが、主として女性が担ってきたケア労働は男性の職業労働より劣っている、非自立的で価値がないと不当に低く評価され、それらが職業になっても低い賃金が維持されてきました。これは日本のみではなく、欧米も含めた世界に共通する課題であり、政治と関連する構造的な問題といえます。

　とくに日本では、世界経済フォーラムによるジェンダーギャップ指数で明らかなように、政治面や経済面で男女格差が大きく、女性が意思決定の場から排除され、発言が届かない、声を上げにくい状況が続いてきました。ケア労働に携わる人々も、声を上げにくい同じ状況です。

　公的年金保険制度や介護保険制度、保育所・こども園など社会制度を整えてきましたが、政治の基本的スタンスは、ケア労働は家庭・家族で、さらにいえば女性が行うことを前提としていることから脱却していません[注1]。

　また、公私二元論の性別役割分業は男女の経済格差をもたらしただけでなく、男性を経済成長へ邁進させ、無限の富を求めて発展途上国の天然資源を収奪し、労働者を搾取してきました。いわゆる南北問題です。天然資源を奪い過剰に物をつくり短期間で大量に廃棄する自然環境破壊と、人権を無視したやり方で経済を成長させるしくみは限界にきています。

（3）ケアに対する価値観の転換

　2020年初頭から世界中を襲った新型コロナウィルス感染拡大により、人類に不可欠な活動であるケア労働の重要性と、ケア労働をおろそかにしてきた政治があらわになりました。しかし、コロナ禍前から、老老介護、介護離職、介護家族の孤立、高齢者への虐待、介護殺人、保育所不足、男性保育士の"結婚退職"、児童虐待、ヤングケアラー等、介護や保育の場では深刻な

状況になっていました。それらを真剣に受け止めた政治が行われてきたとはいいがたく、いっこうに解決に向かっていません。

　上述したように、ケア労働は効率的・画一的・マニュアル的な実践で満たされるものではなく、一人ひとり異なる状況やニーズに対し敬意と責任をもって応答する技術と態度を必要とします。ケアする人・ケアされる人共に気づかい、お互いを尊重し合おうとするので葛藤や迷いが生じます。

　ケア労働には個人や各家庭のマネージや努力を超えており、社会的に開かれた環境・関係性、つまり政治による制度設計が不可欠です（第Ⅰ部3参照）。公私二元論を取り払い、ケア労働を公的領域（社会的領域）に位置づけ、みんなで分かち合うケア（ケアの社会化）への転換を求める主張が、世界でも日本でも進展してきています。保育所へ入所できる社会を求めてもそれに応えない政府へ、「日本死ね」とSNSで発信した母親の声は、まさに「ケアの社会化」への声といえます。

　効率性や合理性、生産性を優先する社会から、ケア活動を重視しケアを高く評価する社会へと価値観を転換する必要があります。具体的には、無償の家族によるケア労働を前提とせず、社会が成り立つための不可欠なさまざまなケアの場やケア労働を有償労働とその場として社会も担い、不安定な雇用形態（非正規雇用等）や低賃金、不十分な人員配置などを改善することです。

　ケア活動を重視する価値観は、人へのケアだけでなく、他生物や自然・地球へのケアをも重視する意識も含まれます。ケアの理念は、これまでの傲慢で利己的な人間中心主義や、競争による経済成長最優先、生活理念・社会観のつくり変えにも通じています。

（4）人間観、福祉観、自立観の転換

　ケアに対する価値観転換の前提には人間観、福祉観の転換も必要です。(2)で述べたような近代思想に由来する強い自立した人間像ではなく、すべての人間は、健康であり続けることは難しく、かつ、発達しながら衰えていくという脆弱さを兼ね備えているという弱さや無力さを認め、誰もがケアを必要とするという人間観です。なにものにも依存していない人はいません。コロ

ナ禍でエッセンシャルワーク従事者に、私たちの日常生活がいかに依存しているかに気づかされました。

　小児科学や当事者研究を専門とする熊谷晋一朗（熊谷　2018）は「ひとつのものから裏切られても大丈夫なほどに、たくさんのものに依存している状況（multi-dependence）が自立につながる。自立とは依存先を増やして力を発揮すること」と述べています。

　また、哲学者の鷲田清一（鷲田　2013）は「私たちの生活は、無限の相互依存（interde-pendence）で成り立っている。……いざというときに助け合う相互依存のネットワークをいつでも起動できること。その準備が日ごろからできている状態が自立である」と述べています。

　世界では、ケアする民主主義を構想する思想が動き始めています（ケア・コレクティヴ　2021）（トロント　2020）。

　多くの家庭科教科書では「自立と共生」が家庭科のキーワードとされていますが、「〜ができる」という強い人間像を想定していないか、家庭科の自立概念を問い直す必要があると思われます。

2　学習指導要領におけるケアに関する記述

　1のはじめで述べたように、「家庭基礎」の学習指導要領および学習指導要領解説には、「ケア」という文言は「地域包括ケア」のみしか見られませんが、ケアと関連のある高齢者や保育の内容で、ケアに関連する内容がどのように書かれているのかみることにします。

　表1に、2018年の学習指導要領解説（「家庭基礎」）の「A　人の一生と家族・家庭及び福祉」の「(3) 子供の生活と保育」と「(4) 高齢期の生活と福祉」におけるケアと類似の言葉と思われる「世話」「介護」「関わる」「関わり」「働きかけ」の記述箇所を抽出します（下線は著者による）。

　「(3) 子供の生活と保育」の解説には「親の働きかけが重要」「親や家族の関わり方……重要」「生活習慣や社会的規範を身に付けさせることが親や家族の重要な役割」など、子育てにおける親の重要性が繰り返し述べられてい

表1　2018年の学習指導要領解説（「家庭基礎」）におけるケアに関する記述

A　人の一生と家族・家庭及び福祉　　（3）子供の生活と保育
ア　乳幼児期の心身の発達と生活、親の役割と保育、子供を取り巻く社会環境、子育て支援について理解するとともに、乳幼児と適切に関わるための基礎的な技能を身に付けること。 イ　子供を生み育てることの意義について考えるとともに、子供の健やかな発達のために親や家族及び地域や社会の果たす役割の重要性について考察すること＜解説の一部＞。 　親の役割と保育については、……親の働きかけが重要であることを……理解できるようにする。……親や家族の関わり方や……理解できるようにする。……特に、乳幼児期の親との関わりによる愛着の形成は……。……保育の第一義的責任は親にあるが、……
A　人の一生と家族・家庭及び福祉　　（4）高齢期の生活と福祉
ア　高齢者の心身の特徴、高齢者を取り巻く社会環境、高齢者の尊厳と自立生活の支援や介護について理解するとともに、生活支援に関する基礎的な技能を身に付けること。 イ　高齢者の自立生活を支えるために、家族や地域及び社会の果たす役割の重要性について考察すること。 ＜解説の一部＞ 　自助、共助、及び公助の考え方をはじめ、互助に対する考え方にも触れ、家族・地域・社会のそれぞれの役割について具体的な事例を通して考察できるようにする。
「（3）子供の生活と保育」「（4）高齢期の生活と福祉」の「内容を取り扱うに当たっての配慮事項」
……学校や地域の実態等に応じて、学校家庭クラブ活動などとの関連を図り、乳幼児や高齢者との触れ合いや交流などの実践的な活動を取り入れるよう努める……。

ます。また、溢乳の対処、寝かせ方、着替えの援助など大変具体的な例をあげて、子どもへの配慮とコミュニケーションのための基本的な技能を身に付けることが書かれています。

　子育てを社会全体で支える必要性が書かれていますが、「保育の第一義的な責任は親にある」[注2]とも書かれています。

　「（4）高齢期の生活と福祉」には、表1に示した記述と共に高齢者疑似体験、車椅子の操作や移動の介助、方法など具体的な内容が記述されています。

　解説の記述では、自助、共助、互助についての説明のみで、社会福祉につ

いては消極的な姿勢がうかがえます。家庭総合では、家庭科の授業と「ボランティア活動」を関連させて進めるように促しています。

　また、現行の学習指導要領から示された生活の4つの「見方・考え方」のうち、家族・家庭生活に関する内容においては、主に「『協力・協働』を働かせ」とあります。子どもや高齢者のケアに「協力・協働」が想定されたり目標とされたりすることが予想され、道徳的価値の押しつけになりかねないと危惧されます。

　以上から、学習指導要領では、子どものケアや高齢者のケアに関して、家族だけでなく社会の役割についても書かれていますが、子どものケアに関しては親の役割が強調され、高齢者のケアに関しては自助・互助が強調されていると思われます。

3　教科書はどう扱っているか

　家庭科教科書におけるケアという文言では、学習指導要領解説に記載されている「地域包括ケアシステム」のほか、「ケアマネージャー」「ケアプラン」がみられますが、本稿では触れないでおきます。

　上述したように、ケア概念の転換には共生や福祉が大きく関連しているので、学習指導要領の「(5) 共生社会と福祉」に相当する教科書の記述を見ると、「自助・互助・共助・公助と助け合い → 社会保障 → 地域福祉、ボランティア」という流れにしている教科書があります（数冊）。このストーリーや内容からは、社会保障にも触れていますが、国が促進しようとしている自助・互助・共助の理解を勧める意図がみえます。

　教科書によっては、「社会保険料を納めていない場合は、失業や障がいなどのリスクに見舞われても社会保険の給付を受けることはできない」「社会保障を充実させるためには、……国民がより多くの保険料や税金を負担することが必要になる」「生活上困難が発生した場合にも、まずは自助努力で解決にあたることが必要である」と書かれ、できるだけ公助を使わず自助・互助・共助での頑張りを求めるメッセージが伝わってきます。

4　家庭科とケア

（1）家庭科でケアを学ぶ意義

　これまで述べてきたように、ケアという人類に不可欠な活動は誰にとっても自分や家族にかかわることであり、また社会のあり方・土台にかかわることであり、社会全体で取り組むべき喫緊の課題です。家庭科では、個人・家族の問題から社会の問題へ視野を広げ、自分のことと社会の課題をつなげて学ぶことができます。「私」とつながる学びは、社会や政治への関心を喚起し、社会の課題を自分のこととして考える市民を育てます。

　コミュニティで草の根的に社会づくりをするためにも、福祉などの専門職として携わるためにも、連帯して社会に働きかけ、政治により社会の制度やしくみをつくり変えていく市民性を育てることは重要です。

　また、家庭科では、ジェンダーや家族、福祉、人権などについて対話をしながら理解したり考えたりするとともに、子どもとのかかわりや衣食住の技能や原理・科学について五感を使って身体的・具体的に学びます。ケアについて、深く考える力と動く身体を育みます。

（2）授業案例

　以下にケアを取り上げる実践案の概略を示します。

　＜テーマ＞　ヤングケアラー

　＜ねらい＞　ヤングケアラーの状況や支援について知り、問題の背景や解決に向けて考える。

　＜授業展開＞

　①ヤングケアラーの状況について知る（教師の説明）。

　②ヤングケアラーの当事者や支援者の書いた文章（資料）を読み、感想を言い合う。

　・気づいたことやわかったこと

　・もし自分がヤングケアラーだったらどうするか

・身近な友だちがヤングケアラーだったらどうするか

・背後にはどんな問題があるか、何が関係しているか

・どんな支援や解決に向けた取り組みが必要か　など

③友だちとの意見交換（対話）をもとに、自分の考えを改めてまとめる。

（資料の一例）

「母の一番の支援者になろうと思って頑張っていた時期が、僕はすごく苦しくて。母も別にそれを望んでいないんだなと何となくわかったんですね。母の息子として生きているほうが僕も楽だし、母も気持ちよく接してくれる。無理に母の支援者になろうとしなくても、家族は家族でいいんだなって」（坂本拓さん：ソーシャルワーカー。うつ病とパニック障害をかかえる母の世話をしてきた。『女も男も』No.138、2021秋・冬号、労働教育センター）

「学校の先生は……指導とかお説教モードになりがちで、『泣いていても何も変わらないよ』とか『もっと大変な人が世の中にはいっぱいいるよ』と言われたことがありました。……論点のずれた一般論を言われると、話す気にならなくなってしまいます。『あなた、今そう思っているんだね』と、聞いてくれるだけでよかったのに。」（高岡里衣さん：難病の母を9歳から約24年ケアをしてきた。『女も男も』No.138、2021秋・冬号、労働教育センター）

注

1）例えば、次の事項等に政府の子育てにおける家庭責任や家族単位制度保持への強い意図をみることができる。

2016年児童福祉法改定では「児童の保護者は、児童の心身ともに健やかに育成することについて第一義的責任を負う」を追加（改定教育基本法第10条〈2006年〉、家庭教育支援法案第2条〈2017年〉でも同様の文言）。「子ども庁」設置から「子ども家庭庁」設置への変更（2022年）。自民党憲法改正草案の前文や第24条（婚姻や家族に関する項）に「家族の助け合い」を追加（2012年）。強固に保持しようとする夫婦同姓制度や家族単位の戸籍制度、配偶者控除、年金の第3号被保険者制度。特別定額給付金の世帯単位での給付（2020年）。同性婚・同性カップル法制化の拒否。トランスジェンダーの戸籍変更の厳しい要件。学習指導要領における性や家族の多様性に関する記述皆無。

2）「子どもの養育の第一義的責任は親にある」については、注1）で述べたように、日本では強化されているが、国際的な動向は以下のように日本とは異なる。＜世界人権宣言＞（1948年）：第26条3項「親は、子に与える教育の種類を選択する優先的権利を有する。」第16条「家庭は、社会の自然かつ基礎的な集団単位であって、社

会及び国の保護を受ける権利を有する。」＜子どもの権利条約＞（1989年）：第18条「締約国は、児童の養育及び発達について父母が共同の責任を有するという原則についての認識を確保するために最善の努力を払う。父母又は場合により法定保護者は、児童の養育及び発達についての第一義的な責任を有する。児童の最善の利益は、これらの者の基本的な関心事項となるものとする。」とある。

つまり、日本では、子どもの教育の内容を国が決めたり、子どもを養育・教育する責任は親にあると受け止めている人が多く社会の通念となったりしているが、日本も批准した世界的な文書では、親の第一義的責任とは、子どもにどのような教育を与えるかを選択する権利を優先的にもつことであり、親は、子どもにとっての最善の利益を基本的な関心事とすることとされている。そして、国や社会は、家庭が子どもの養育や教育を行えるように保護することとしている。

引用文献

ケア・コレクティヴ、岡野八代・冨岡薫・武田宏子（訳）（2021）『ケア宣言：相互依存の政治へ』大月書店、200

熊谷晋一朗（2018）THINK Blog Japan、2018年8月2日、IBM、https://www.ibm.com/blogs/think/jp-ja/mugendai-8758-interview-tojisha-kenkyu/、（最終閲覧2022.5.5）

岡野八代（2012）『フェミニズムの政治学—ケアの倫理をグローバル社会へ』みすず書房、154、167-175

ジョアン・C・トロント、岡野八代（訳・著）（2020）『ケアするのは誰か？—新しい民主主義のかたちへ』白澤社、現代書館 9-10、24

鷲田清一（2013）「生きることの作法—真の自立を身に付ける」『現代社会再考』公益財団法人たばこ総合研究センター、水曜社、301

3　グローバル・ネットワーク社会における家庭科
——誰もが幸せになるために

望月　一枝

1　グローバル・ネットワーク社会と私たちの暮らし

　私たちの暮らしをとりまく社会の変化について考えてみましょう。

　インターネットと携帯電話などの情報通信技術によるネットワークが私たちの暮らしを覆っています。都会の電車に乗れば誰もがスマートホンを手に指を頻繁に動かしたり、イヤホンで国内外の好きなシンガーの曲を聴いたりして、目の前にいる高齢者に席を譲ることなど思いもつかないように、自分の世界に入り込んでいる光景が見られます。情報のグローバル・ネットワークは地球の隅々までを結び、影響を与え続けています。

　例えば、2022年2月のロシアによるウクライナ侵攻は、人々の暮らしを直撃しました。小麦不足や電力・ガスなどのエネルギー不足がヨーロッパに広がり、アフリカの人々を飢えに追い込んでいます。各国政府は物価高を抑えようと金利をあれこれと決めていきます。そして、テレビや新聞では株価や為替が今後どうなっていくのか刻々と報じられます。モノが届かないというより、モノが届かないだろうと見込んでマーケット（金融市場）が反応していくような社会が広がっています。

　教育哲学者ビースタは、このような社会を「見せかけの中心がないグローバル・ネットワーク社会」と指摘しました（ビースタ　2021）。「見せかけの」というのは、モノ、ヒト、コトが地球上を実際に移動する前に、情報が先行し、それにいち早く反応するアクションにより暮らしが変わっていくことを意味します。「中心がない」というのは、ネットワークの誰もが利益（損害）

を得る機会がもたらされ、利益も損害も自己責任という競争が容認され、社会的支えあいが後退していくことにつながっていきます。例えば、急激に進んだ円安で海外投資家が1日で40億円の利益を得たと報じられました。それはネットワークの誰かがこのツケを払っていくというわけです[注1]。

　本稿では、ビースタの指摘を参考にしながら、このグローバル・ネットワーク社会のなかで、どのような家庭科教育が必要とされるのかを考えてみたいと思います。

2　教育の目的と家庭科教育

　ビースタは、グローバル・ネットワーク社会に向けた教育が、その社会自体を問い直すことなく、「グローバル・ネットワーク社会で生き抜くための教育」や「社会の課題に応じる教育」になっているのではないかと指摘します。

　日本の教育はどうでしょうか。「『令和の日本型学校教育』の構築を目指して」（中央教育審議会、2021）では、「急激に変化する時代の中で、我が国の学校教育には、（中略）多様な人々と協働しながら様々な社会的変化を乗り越え、豊かな人生を切り拓き、持続可能な社会の創り手となることができるよう、その資質・能力を育成することが求められている」「国際的な動向を見ると、国際連合が平成27（2015）年に設定した持続可能な開発目標（SDGs）などを踏まえ、自然環境や資源の有限性、貧困、イノベーションなど、地域や地球規模の諸課題について、子供一人一人が自らの課題として考え、持続可能な社会づくりにつなげていく力を育むこと」「経済協力開発機構（OECD）では子供たちが2030年以降も活躍するために必要な資質・能力について検討を行い、令和元（2019）年5月に"Learning Compass 2030"を発表しているが、この中で子供たちがウェルビーイング（Well-being）を実現していくために自ら主体的に目標を設定し、振り返りながら、責任ある行動がとれる力を身に付けることの重要性が指摘されている」（下線筆者）と記されています。

　下線部を読んでいくと、地域や地球的諸課題について子どもたちが目標を

設定し、持続可能な社会の創り手となることへの期待が述べられています。しかし、なぜ、諸課題が生まれたのか、今の経済競争を問う視点が抜けているとするなら、責任は子どもたちに委ねられていると読めてしまいかねません。

ビースタは懸念する「社会の課題に応じる教育」の例として、21 世紀型学習のための、21 世紀型スキルをあげます。21 世紀型スキルとは、3 R s（読み、書き、計算）と 4 C s（クリティカル・シンキングと問題解決能力、コミュニケーション、協働、創造とイノベーション）を統合し、グローバルな経済競争に首尾よく向きあい、21 世紀の市民や労働者として成功するために必要なスキルです。

ビースタは、このような「社会の課題に応じる教育」に対して、「学校と社会をつなぎ直す（ときとして社会が学校に要請することを拒否する）こと」が重要だと指摘します。つまり、経済や金融の安定と繁栄は、学校においても正当な方向づけを与えるものであるが、教育は「子どもや若者が自分の人生を生きることを支え、私たちの生活を送るための限られた資源を提供するこの地球上で、他者とともによく生きることを支える方法に気を配る必要がある」（ビースタ　2021）と示唆します。

家庭科教育をビースタの指摘を念頭に検討しましょう。家庭科教育の目的は、しばしば「児童・生徒が生活にかかわる知識や技能を獲得し、生活の中から問題を見出して課題を解決し、より良い生活に向けて主体的に行動する実践力を育む」（下線筆者）のように語られますが、再考が必要だと思われます。家庭科を学べば OECD や国連が提示している地域や地球的諸課題の問題の解決が図れるという筋になってはいないでしょうか。ここで付け加えたいことは、筆者も、家庭科教育が自分と社会を変える可能性と意義をもつと考える一人です（望月　2020）。では、グローバル・ネットワーク社会において、どのような家庭科教育を構想することが必要なのでしょうか。

3　家庭科におけるシティズンシップ教育

（1）「自立と共生」を重なり合う関係として捉える

　ビースタが示唆する教育の目的にならって、家庭科教育を「生活の充実向上を図る能力と実践的な態度」を育て、「自分の人生を他者と共に良く生きること」と捉え、「自立と共生」について考えたいと思います。

　先述したように、グローバル・ネットワーク社会では経済競争を生きぬく強い個人が求められます。このような傾向を、広瀬義徳は、「教育、家庭、労働、福祉といった社会のあらゆる領域で、自立した個人（主体）というものが、わたしたちのあるべき自画像として浸透し、（中略）幼少期から個人化された能力を発達・成長させて自己実現を図るよう仕向けられている。近年では、グローバル経済を生き抜くためによりアクティブな自立的市民へと主体化することが時代の要請となっている」と指摘します（広瀬　2020）。

　しかし、家庭科では、赤ちゃん（胎児や乳幼児）から高齢者までの生活を扱うので、強い個人ではなく、人間が脆弱な存在であることを踏まえます。助けが必要なときは、「助けて」といえることや、助けが必要に見える状況に対して、応じられることも「自立と共生」であり、「わたしたちは、物ではない人格として相互に承認し合い、呼びかけ応答する関係によってはじめて、それぞれに自己でありえている」（広瀬　2020）ことを確認してきています。地域の福祉チームの学習支援者サトウさんがアンナを支えていく実践（地域生活指導ネットワーク学習会、2022）から考えてみましょう。

　アンナの事例から

　中学2年生のアンナは母が精神を病み自死したので、家に閉じこもり、いつか後を追うかもしれないと心配されていました。やっと、地域の学習支援室に来たアンナは、いつも季節外れの服を着ていました。サトウさんは、算数や国語だけでなく、寒い季節に合わせてマフラーを編むことを教えます。また、家から包丁や鍋を運んで学習の前に、アンナと料理をします。アンナに、

食べ物を買ったりもらったりするだけでなく、スーパーで食材を買い、包丁や火を使っておいしいものを作ることを教えます。また、アンナを映画に誘い、一緒にポップコーンを食べ、余暇を過ごす方法を教えます。するとアンナが弟に算数を教えるようになっていきました。やがて、アンナは進学を希望し、昼間定時制高校に合格でき、電車で通学できるようになりました。アンナの自立は弟や父との共生となり、生活に広がりがもたらされます。サトウさんの働きかけは、アンナが社会に踏み出すことを支えています。サトウさんもまた、アンナに励まされながら、アンナが無理しすぎないように今も、週に1回、面接をして見守っているとのことです。

　この事例から見えることは、自分の手で生活をつくることが周囲の人と生きることを促し、弟や父やサトウさんと共に生きることがアンナの自分らしく生きることを支えています。関係のなかで人は生きている（ケアの関係にある）と考えると、アンナの自立はサトウさんの働きかけによって促され、弟や父やサトウさんとの共生となりました。家族の世話（ケア）を家族がするだけでなく、学習支援室を支える地域社会や政治があります。今、人々の孤独・孤立が進み、「制度や相談窓口を使うことに『ためらい』がある」（内閣官房孤独・孤立対策担当室　2022）という指摘を踏まえると、グローバル・ネットワーク社会における「自立と共生」を重なり合う関係として社会や政治システムまでを視座に入れることは、重要ではないでしょうか。

（2）家族への世話（家事）をケアと捉え、家族依存型福祉から社会福祉へ
　家族への世話（家事）を人間と環境（衣・食・住）へのケアとして考えてみましょう。岡野八代は、「女性たちが伝統的に担ってきた家を維持する事の、創造的で人間的な側面」について、哲学者ハイデガーの「住むことWohnen」というドイツ語の語源をたどり「ホームで人は、『平和のままでいられる』。しかしそれは、消極的な放任ではなく、むしろ、守られてあること、ケアされてある」ことと述べています。また、ホームを保持する活動力（家事）は、人のアイデンティティ形成を支え、他者の記憶を物語りながら、

個々の歴史を語り継ぐ営みだといいます[注2]。「『家族』は、偶然もたらされ、継続的に育まれ、常に変化していく関係性に対して応答が求められる場となる」と指摘します。「家族をもし、個々の人々が、他者から慈しまれることで自らの自尊心や責任感を養う関係、他者からの違いを受け入れられ、積極的に守られることで、自由な存在であることを実感できる関係」であるとすれば、「家族を統治の道具・対象として把握してきた国家からの解放を求めつつも、なお、そうした家族のもつ潜在力の実現を保障する社会制度を求めることができる」と示唆します（岡野　2010）。

　なぜ、家族の世話（家事）をケアとして、公的領域の社会制度や政治システムとつなげる必要があるのでしょうか。

　家族の世話（家事）＝ケア（家事）は人間の生存に欠かせないものです。が、国際的にも日本における家族や個人のケア時間の少なさが「時間貧困」として指摘されます。例えば、6歳未満の子どもを育てる世代の主要7カ国（G7）の①有償労働（仕事や学校、通勤通学）②無償労働（家事や子どもへのケア）③個人のケア（睡眠や食事、休息）④余暇（遊びやスポーツ）を比較調査したところ、日本は①の有償労働時間がもっとも長く、②、③家事や子どもへのケアや個人のケア、④余暇が、7カ国中、もっとも少ないことが分析されました（『日本経済新聞』2022年8月21日付）。

　このような「時間貧困」を抱える日本では、子どものケアやケアする人のケア時間を確保し、有償労働の時間を短くする社会や政治システムが求められます。また、日本では、家族のケアを社会で支えようと、児童手当（1972年創設）や介護保険制度（2000年施行）を導入してきました。しかし、介護保険制度を検討した落合ら（2010）によれば、高齢者のケアは図1のように家族内および市場において女性に多く担われ、社会保障制度は家族依存型福祉となっていると析出されました。落合らのケア・ダイアモンドとは、国家・家族・市場・コミュニティの4者による相互関係とダイナミズムを福祉政策との関連で分析する手法です。落合らは介護者へのインタビュー調査も併用していて、その分析から、日本の社会保障制度は依然として、家族が家族の世話をしており、家族や市場において多くは女性が担っていること（ジェ

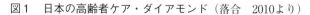

図1　日本の高齢者ケア・ダイアモンド（落合　2010より）

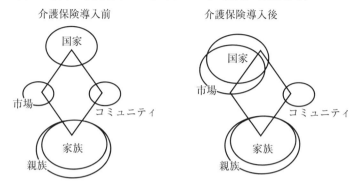

ンダー不平等）であることを指摘しました。

　落合らの調査から10年後、今の日本ではケア・ダイアモンドの「市場」が大きくなり、単身家族も増え、家族・親族が縮減していくことが推定できます。市場が占める割合が大きくなるということは、高齢者のケアに経済格差がもちこまれ、本当に必要な高齢者ケアより、商品としてのケア（見た目に良いケアで、人間の尊厳を大事にするケアかどうかわからないものも含む）が幅を利かすようになっていくことも懸念されます。人間の生存に欠かせないケアを支えるためには、家族依存型福祉ではなく、国がその安全性を支え、コミュニティや当事者を含む家族が主人公となって、誰もが幸せになる社会福祉とはどのようなケアなのか、探っていくことが求められるのではないでしょうか。

　次に、子どもを世話することを事例に考えてみましょう。ある子どもをケアするためには、子どもの発達や子ども理解の知識やスキルだけでは足りません。目の前の子どもに合ったケアを探る時間と精神的な余裕が必要となります。赤ちゃんと親のように非対称である関係（対等ではない関係）で、どのように相手のニーズを汲み、配慮し、共に生きることができるかを考えるためには、ケアする時間と気持ちの余裕が欠かせないのです。ケアする側が忙しさを縫ってせっかく用意した離乳食を吐き出す乳児に対して、「もうやっていられない」というような葛藤も含めて、ケアの関係を考えることです。

どんなケアが必要か、対象、時、状況によって配慮する行為は異なり、非対称のケア関係には暴力性もはらみます。ですから、ケアしようとする子どもを、自分には理解できない面を抱えて存在する他者であると捉えることも大事です。この子に必要なケアを私はわかっている、だから私の提供するケアは正しいのだという思い込みをいったん手離すことです。さらに、その子に必要なケアを実践するためには、時間と個人の精神的余裕だけでなく、ケアする人がケアされなければなりません。忙しいなかで作った離乳食を吐いてしまうケアしづらい子どもの様子を、そばで見ていてくれる人がいるだけでも余裕が生まれます。ケアする人がケアされる関係をつくり、孤軍奮闘する母親をなくすような家族やコミュニティや政治システムを求めていきたいと思います。

（3）触れ合い、語り合いながら、共通の関心に

　では、家庭科の授業で、どのようにケアと社会や政治の関係に気づくことができるのでしょうか。コロナ禍の影響で、私たちは視覚と聴覚に頼った授業に浸っています。ここで、共通の関心に開く視点として「触れる」と「語り合う」授業の意義を強調したいと思います。

　コロナの感染を恐れて、人間に触れることはできなくても食材や布、家具などモノに触れることはできます。「触れる」ということは、触れたヒトと触れたモノ（ヒト）との深いコミュニケーション、触れ合いが生成されます（伊藤　2020）。手を使うことで、見えていなかったさまざまな性質が引き出されます。この家具は見た目には地味だが、さわると気持ち良い材質だなどです。

　次に、触れ合った経験を「語り合う」授業が展開できるでしょう。まず、安心して語れる空間をつくることが必要です。どんな意見や声も否定されない、応答される語り合いを通して、生徒には居場所と共通の関心が生成されると考えます。

　高校1年生「離婚における子どもの権利」の筆者の家族・家庭の授業（2003年4月から10月）を例に、それがどのような授業過程（1回が45分×2で

90分)かをたどりましょう(望月　2012)。生徒が自由にグループを組み、テーマを考えて発表し、クラス全体で議論する授業でした。4人の男子グループのテーマは「離婚における子どもの権利」でした。筆者は知らなかったのですが、そのテーマは父子家庭であるq(生徒名)がグループのメンバー(k、e、n)に相談して決めたものでした。提出したレポートに沿って、なぜそのテーマにしたのかということから、クラス全体で議論する授業が始まりました。kが「日本ではあの子どもの人権を守るための法律がいくつかあって、……民法第825条では親権を親が……」とレポートを読み上げますが、なぜこのテーマなのかが伝わっていきません。するとeが「離婚するときは親が親権を行使するけれど、子どもの権利条約があるのに子どもが何も決めることができないんで、ここは問題だと思います」とkの説明を補いました。続いて、qが両親を失う子どもの不安について、説明すると、他の生徒から「わからん、言っていることが」と言われてしまいます。「母子家庭にだけ福祉されないのか」とnが応えるのですが、議論はかみ合いません。eが「子どもの権利条約といっても、いざ、本当のこととなると、ぜんぜん生徒の意見はどうにもならない……」と声をあげました。qにとって授業は私生活とは別と思っていたのですが、議論が自分に差し迫ってくるように感じている様子でした。qは授業中、教師にしかわからない小さな声で、「傷つく生徒がいるのでもうやめましょう」とささやきました。教師はqにしか聞こえない声で、「いまやめたら傷つけたままになる」と応えます。

　語り合う授業によって、「離婚はかわいそう」という女子生徒の考えが問い直され、「父子家庭への福祉」が必要だと、いつもは自分から発言しないkが発言することができました。授業が差し迫ったものとなり、子どもの権利や福祉への共通の関心が育まれていきます。また、qは、授業を通してe、k、nとより親しくなり、それぞれの生徒が学校に居場所を得ていきました。

　家庭科の授業では、このように私的な思いを公的な授業で語り合うことができ、当事者として実感を伴った社会的、政治的関心が育まれます。

　2022年、進学校の、ある高校家庭科教師たちにインタビュー調査をしたところ、「生徒は評価に敏感で自分の生活を語らなくなった」といいます。

授業後の感想も評価に関係するとみるや、「良い評価をもらうことに腐心している文章を書く」とのことでした。教えたい内容は多くあり、時間が足りないといいます。しかし、今くらい、平和であることやいのちを支えあう暮らしが求められる時代もないと考えます。まずはモノに触れ合う授業で、生徒の声を生徒たちと共有することから始めてみたいと思います。

　グローバル・ネットワーク社会に対して、どのような社会を望むのか、子どもの意見表明を大事にする家庭科におけるシティズンシップ教育を展開していきたいと考えます。

注

1）「円相場が32年ぶりに1ドル148円台まで下落し、家計や企業はいちだんと重い負担を強いられることになる。今の円安水準が続くと、輸入物価の上昇などで生活費は昨年度よりも年間8万円高まるとの試算がある」と報じられています（2022年10月16日付『日本経済新聞』）。
2）岡野（岡野　2010）は、アメリカの政治哲学者アイリス・ヤングを引いて、家にあるさまざまなモノを介して、個人の歴史を語り継ごうとする営みは、支配的な歴史と抑圧的な政治に対抗しうる可能性をもつと示唆している。

引用文献

ガート・ビースタ（2021）『教育にこだわるということ　学校と社会をつなぎ直す』上野正道監訳、東京大学出版会、1-31
広瀬義徳（2020）「自立・自律した個人という幻想と『共生』の根拠」『自立へ追い立てられる社会』広瀬義徳、桜井啓太編、インパクト出版会、18
伊藤亜紗（2020）『手の倫理』講談社選書、講談社
岡野八代（2010）「消極的・積極的自由論の手前で」『自由への問い 7　家族─新しい「親密圏」を求めて』岡野八代編、岩波書店、20-59
落合恵美子、阿部彩、埋橋孝文、田宮遊子、四方理人（2010）「日本におけるケア・ダイアモンドの再編成：介護保険は『家族主義』を変えたか」海外社会保障研究、国立社会保障・人口問題研究所編、170、4-19
地域生活指導ネットワーク学習会（2022）サトウさんのレポート
中央教育審議会（2021）「『令和の日本型学校教育』の構築を目指して〜全ての子供たちの可能性を引き出す、個別最適な学びと、協働的な学びの実現〜（答申）」（令和3年1月26日）

望月一枝（2012）『シティズンシップ教育と教師のポジショナリティ』勁草書房、124
－129

望月一枝（2020）「SDGs 時代における『自分と社会を変える』家庭科教育の可能性
と意義―『生活』を親密圏と公共圏の再編として捉えることを通して」日本家政学
会誌 Vol. 71、No. 6、 424-431

内閣官房孤独・孤立対策担当室（2022）「孤独・孤立対策の今後の取組について」
（令和4年2月10日）

参考文献

望月一枝（2022）「命と人生をケアする家庭科シティズンシップ教育―自分の人生を
他者と共によく生きるために」『年報・家庭科教育研究』第 39 集、1-17

4　家庭科でジェンダーの学びを

齊藤　弘子・鶴田　敦子

1　「ジェンダー」が使われるようになったのは、いつ頃から？

　ジェンダーは「生物学的な性とは異なる多義的な概念」「性別に関する社会的規範と性差をさす」「歴史的、文化的、社会的に形成される男女の差異」などと説明されます。日本では、1980年代半ば頃から研究レベルでジェンダーへの関心がもたれるようになりますが、私の記憶では、公文書でジェンダーが使われるようになるのは1995年以降です。1995年は北京で第4回世界女性会議が開催された年でした。

　ここにいたる過程を少々、ひも解いてみたいと思います。

（1）国連の男女差別撤廃の取り組みのなかで

　第1回世界女性会議は1975年メキシコで開催され、向こう10年を女性の地位向上をめざし各国で頑張ろうと、「国連婦人の10年」を宣言しました。日本政府代表も参加し、国内での取り組みにつながります。

　一方、1979年の第34回国連総会で「女子に対するあらゆる形態の差別の撤廃に関する条約」（略して「女性差別撤廃条約」）が採択され、日本政府代表も賛成票を投じました。1981年に条約は発効し、批准する取り組みが日本はじめ、各国で始まります。

　日本では批准するために三つのハードルがありました。

　国会は1984年から85年にかけて、女性差別撤廃条約批准に向け、3つのハードルクリアのために、時間をかけて論議が行われました。国会でこんなに長い時間を男女平等の課題にかけたのは、国会史上、初めてのことではな

いかと推測します。

　一つは国籍法です。日本では子どもの国籍は、子どもの父親の国籍が子に受け継がれる「父兄優先主義」をとっていました。一方、アメリカは現地優先主義で、子が生まれた国の法を優先しています。そのため、沖縄などでアメリカ人との間に生まれた子どもは、日本国籍もアメリカ国籍も取れず、無国籍児となります。ベトナム戦争以降、沖縄では無国籍の子どもの課題が起こりました。その解決には国籍法における「父兄優先主義」を改め、生まれた子どもが成年になった時に親がもつ国籍のどちらかを選択できるよう両系主義が必要で、そのように 1984 年に国籍法が変えられました。

　二つ目は雇用における男女差別の撤廃です。これは「雇用の分野における男女の均等な機会及び待遇の確保等に関する法律」(略称「雇用機会均等法」)の成立で解決しました。以上は、いずれも 1985 年に法が改定され、あるいは新設され、翌年には施行されました。

　三つ目は学校のカリキュラムにおける男女差別の撤廃です。中学・高校での女子のみの家庭科、中学校での男子のみの技術科、高校での男女の体育時間差の是正が課題で、これは 1989 年に中学校、高等学校学習指導要領により是正され、1993 年中学校教育課程の「技術・家庭」、1994 年高等学校教育課程の「家庭一般」は男女共学となりました。

　国内での三つの隘路が解決し、女性差別撤廃条約は 1985 年に批准され、国内における男女不平等是正の取り組みが加勢される下地ができあがります。

　このような情勢のなかで、1995 年以降、男女平等という概念に加えて、生まれもった男女という性差とは違う、歴史的、社会的、文化的につくられた性への差別、ジェンダー概念が登場し、男女という性別だけではあらわせなかった人権差別撤廃の課題が一層、広がりをもつようになります。

（2）2000年からはじまった「男女共同参画」の取り組み

　女性差別撤廃条約を批准した日本では、内閣府男女共同参画局推進課が主導した男女共同参画の取り組みがはじまり、2000 年の第一次男女共同参画

基本計画に、「男女共同参画を推進し多様な選択を可能にする教育・学習の充実」が設定されます。以降、5年ごとに見直しが行われ、現在第五次にいたっています。

　家庭科教育にとって画期的であったのは、2000年第一次および2005年第二次の「基本計画」中、「男女共同参画を推進し多様な選択を可能にする教育・学習の充実」の章の「男女平等を推進する教育・学習」の項の中項目二項目に「家庭科教育の充実」が入りました。

　これは、残念ながら次に策定された「第三次基本計画」（2010年）からは中項目では扱われなくなります。

　国連の取り組みで加速化した国内における男女平等施策に大きく水を差したのが、1990年代後半から見られたジェンダー・バックラッシュの動きです。男女が共に学ぶ家庭科も、この波を受けます。

2　ジェンダー・バックラッシュ

（1）ジェンダーフリー攻撃

　2006年度版『男女共同参画白書』（内閣府）には「地方公共団体においてジェンダーフリーを使用しないことが適切」とあり、これを受けてか、自治体ではジェンダーの語に異常に反応するようになります。

　ジェンダーフリーは和製英語で「固定的な性別による役割分担にとらわれず、一人一人が自由平等に行動や選択ができる生き方」といわれています。ところが当時の安倍内閣のジェンダーフリーの捉え方は、「学校では更衣室は男女が同室、宿泊行事では男女同室、ひな祭りなどの伝統文化は破壊される」といった意図的と思えるような歪んだ内容でした。

　この状況は、ようやく男女平等の取り組みがはじまったばかりの学校教育に大きなジェンダー・バックラッシュをもたらします。

（2）生活のなかでジェンダーの取り組みの浸透とジェンダー・バックラッ
　　シュ

　家庭科教育に対してのバックラッシュは、保守的な団体「日本会議」など
のメンバーにより、男女共学家庭科は「男子をダメにする」といった攻撃が
繰り返し行われました。

　さらに1998年改訂学習指導 要領では、前学習指導要領の理科教育に設定
された性教育がなくなり、家庭科の学習指導要領では中学・高校共に妊娠、
出産は扱わず、生まれた子どもからの扱いに学習内容が限定されました。

　また、養護学校（当時）の生徒の実態から、保護者からも支持されていた
性教育の実践に対して攻撃が向けられました（保守系東京都議会議員による
東京都立七生養護学校の性教育攻撃など）。

　地域では「父母（親）」や「家庭」の役割が異常に強調され、「親学」を主
張する団体や議員により、家庭教育への条例等が自治体で策定される状況が
生まれます。

　戦前の教育の反省のもとに一般行政が教育行政に介入してはならない、を
基本としているにもかかわらず、第一次安倍内閣時代の2006年、1947年制
定の「教育基本法」が改定されました。この教育基本法の改定は、以下の点
で、ジェンダー平等の視点を推進ではなく道徳的内容へ転換させるものでし
た。旧教育基本法第5条（男女共学）「男女は、互に敬重し、協力し合わな
ければならないものであつて、教育上男女の共学は、認められなければなら
ない」は、その目的は達したとして削除され、改定教育基本法の第2条「教
育の目標」の箇所に、男女平等という文言が記載されました。しかし、第2
条は真っ先に「道徳心を培う」と述べ、「我が国と郷土を愛すること」を掲
げるなど、道徳的項目を列挙する箇所に、男女平等を位置づけました。

　さらに、「第10条　家庭教育」が付け加わり「父母その他の保護者は、子
の教育について第一義的責任を有する」が書き込まれます。同年の自民党の
憲法改正草案には第24条に（家族、婚姻に関する基本原則）を加え、「家族
は、社会の自然かつ基礎的な単位として、尊重される。家族は、互いに助け
合わなければならない」と現行の「婚姻は両性の合意のみに基づいて成立し

（以下略）」と比べ、国民に多くの道徳的規範を求める内容になっています。

　さらに2017年には、教育基本法第10条が掲げる家庭教育の理念を実現するためと「家庭教育支援法」が国会に提案される動きがありましたが、多くの国民の反対のなかで、いまだに提案されないでいます。

　これらのジェンダー・バックラッシュの裏側に、日本会議の関連団体など、保守系団体や議員のほかに旧統一教会の力があったことは、よく知られていたことです。

（3）家庭科教育で学習指導要領「家族の一員としての役割」をどのように
　　　扱うか

　「家族の一員としての役割」は小・中・高校生にどのような学びが考えられたでしょうか。大人の援助が必要な小学生の場合と、自立をしようとしている中学・高校生の場合では異なる学びが必要なのはいうまでもありません。一方、小・中・高校生には、少なくないヤングケアラーがいるともいわれています。家庭科教育で家族について学んだ子どもたちに、自己責任を追及させるようなことがあれば、子どもたちは追い詰められるだけです。憲法第25条では、国民の生存権を保障するのは国の社会的責任であることを謳っています。「家族の一員としての役割」は憲法第25条とセットで、健康で文化的な生活を国民が送るための国や自治体の働きに目を向けさせる学びが必要です。

3　ジェンダーの学びを大きな視点で展開しよう

（1）多様な性（LGBTQ＆SOGI「多様性を認める」）の裏側で進展が乏し
　　　い「男女平等」施策

　各家庭科教科書には一定のページをさいて、国連SDGsが扱われています。第5番目のテーマが「ジェンダー平等を実現しよう」です。かつて家庭科教科書にジェンダーの語が見当たらなかった時代が嘘のように当たり前に記述されていることに喜びを感じます。

　生活を学ぶ家庭科学習では、どの領域でもジェンダー平等（すべての人々の人権尊重）は大前提です。

　ジェンダーが社会的な地位を占めつつあるのと同じように、LGBTを生活に根づかせる取り組みも進展しているように感じます。例えば、地方自治体では「パートナーシップ宣言」を行い、行政に多様性を尊重する施策を取り入れる動きも進展してきています。

　日常の生活を題材にする家庭科教育の視点の一つに多様な人々の人権を尊重すること──ジェンダー平等を柱に置くことは必須です。そのなかに当然、男女平等も含まれなければなりません。しかし、自治体の動きなどを追うと、多様性には力を入れるが、男女平等施策の進展は遅いといったちぐはぐさを感じます。国の施策も同様です。

　世界経済フォーラムが発表する2022年の日本のジェンダーギャップ指数（男女格差をはかる指数）は146カ国中116位で、先進国のなかで最低レベルです。例えば夫婦別姓について、国民の認識は当たり前のように受け止めてきている状況に対して、法の改定はいっこうに進展しません。男女での賃金格差や大学医学部定員における男女別定員問題も大きくは是正されていません。

　男女が学ぶ家庭科で、日常の生活や、社会でみられる男女差別、男女格差の実態を考えさせる学びを設定する実践にトライしてはどうでしょうか。この学習はジェンダーを学ぶ学習の第一歩だと考えます。その学習を通して、生徒たちは男女を問わず、互いを尊重しあうことを学ぶのではないかと思います。　　　　　　　　　　　　　　　　　　　　　　　　（齊藤　弘子）

（2）ジェンダー・性の学びをどのようにつくるか
　1）ジェンダー・性の多様性の学びの2側面
　性は男・女の二つである、性差は自然なものとしてある、性的指向は異性愛（異性に向かう）が当然である、身体の性と性意識は一致するものである等々、私たちが、これまでに形成されてきた性に対する通念は今、すべての項目の「ある」は「あるわけではない」に変更をしなければならない状況に

あります。それは、性科学の成果を知ったからにとどまらず、自分の性を当たり前とみなされない当事者が声をあげたこと、そしてそれに賛同する人たちの声が加わったことによります。国連人権理事会が2011年、LGBT等に対する差別的な人権侵害の撤廃に関する決議を行い、それに賛同した国々にその成果を国連に報告する義務を負わせたことも、日本では功を奏しているのかもしれません。要するに、人権尊重について敏感な人たちが協同して声をあげてきたことが成果を生んでいます。

これらを受けて、「性について学ぶとは、①人権を尊重することを自分ごととして捉えること、②差別を放置せず、社会に向けて主権者として行動する（声をあげる）こと、この2面を生活や社会の現実の出来事を教材にして学ぶことであると考えます。

2）個人的なことは政治的なこと

1960年代後半から1979年代にかけて台頭した第二波フェミニズムは、「個人的なことは政治的なことである」と発信しました。これは、個人的なことと政治的なことは地続きであることの認識を示します。家庭科の世界では、政治を避ける傾向がありますが、生活するうえで避けることのほうが困難です。このテーゼは、目に見えているものの裏に見えにくい政治のありようが関与しているという認識を促す呼びかけでもあります。

3）対話と共同行動をしながら多様性を理解

ここで多様性について最近の知見に触れておきたいと思います。

多様性（ダイバーシティ）は、言葉のうえでは差異を認めあい尊重するという心地よい響きを伴って広がってきました。多様な性の尊重もその枠組みにあります。しかし、多様性の推進が、差異をターゲットにしたマーケティングとしてあらわれたり、生産性を向上させる人的資源管理を導入しやすくしたり、社会の差別的な構造の解消ではなく、差別などないような幻想を生み出すことになっているのではないか、という疑義が出されるようになってきています（岩渕　2021）。多様性を尊重することと、多様性は現実にどのような差別とかかわっているのか、それを撤廃するにはどうしたらいいかを、同時に思考・体験しなければ、多様性を尊重したことにはならないわけです。

トランスジェンダーの人に対して、個人的な理解者になることは否定されません。しかしトランスジェンダーの人がどのような不利のなかで生きているのかを知り、その不利をどのように取り除くかを編み出さなければ、それは意味をもたなくなります。

　ジェンダーや性の多様性の学びは、マイノリティとの対話や協同行動の体験を教師がファシリテーターとして登場することになるのでは、と思います。

4）人間を理解すること

　3）で述べたことは、その人を理解すること、あえて言えば、自分で自分を理解することも含めて、個人の心情を理解するだけでは、その人を理解することは困難であるという前提があります。人間が環境の産物であるとすれば、人間の物理的環境と人的環境と、その人の存在のありようを総合して理解していくことになります。

　筆者はこれを、ビースタがいう「ここにあるのは、教師は実際的（リアル）な人間にかかわっているし、教育が画一的に定型化されえないと直ちに実感する（realise）」「したがってそれは、繰り返すが、それは対話の過程である。このことは教育的な道を、のろい、けわしい、苛立つ道、そしていうならば弱い道にする。」という見解に同意します。弱いとは「この過程の成果保証もされていなければ、確実でもないからである」と述べています。（ビースタ　2021）。教育が「主体」を生み出すことにあるとすれば、テストでいい点数をとる、スポーツで勝つという目に見える成果とは、別のことを意味します。

（鶴田　敦子）

引用文献

岩渕功一（2021）「多様性との対話」岩渕功一編著『多様性との対話ダイバーシティの推進が見えなくするもの』青弓社、11-16

ガート・ビースタ（2021）『教育の美しい危うさ』監訳　田中智志、児玉重夫　東京大学出版会、1-5

参考文献

世界経済フォーラム（2022）『世界のジェンダーギャップ指数』

自由民主党（2012）「日本国憲法改正草案」

5　2018年改定の学習指導要領高校家庭科の特徴

鶴田　敦子

　日本の教科書は学習指導要領に基づく記述を求める検定教科書です。この冊子で検討した教科書は、2018年改訂の高等学校学習指導要領家庭科に基づくものですが、その学習指導要領にいくつか気になった点がありました。その一つに、資産形成と生活設計の取り上げ方があります。それは、持続可能な消費生活と環境の（1）「生活における経済の計画」の箇所に、「……基本的な金融商品の特徴（メリット・デメリット）、資産形成の視点にも触れるようにする」とあります。「触れる」という表現ですが、この学習指導要領公表の前後から、学校向けの資産形成を含む金融経済教育が、金融庁主導のもとで活気づいてきたことをみれば、投資の奨励であることは明らかです。そのうえ、生活設計を学習後のまとめとしてだけでなく、家庭科の導入に位置づけることと述べ、生涯を見通した生活の設計ができるようと述べます（第2節2　家庭科改訂の要点）。金融や投資が飛び交う現代社会において、これらに関する知識は必須です。しかし、それは、経済学を背景にした諸学問を踏まえた内容です。資産形成のすすめや、生活を設計できるように等、個人の生活を指示するようなことがらに踏み込むことは極力控えるべきです。学問を背景にして成立するという教科の鉄則を破ることは、戦前と同じ轍を踏むのではないかと懸念を抱きます。

　2020年、日本学術会議が推薦した会員名簿のうち6名を、当時の菅首相が、任命を拒否した問題が起きました。筆者は、そこに政権への批判は許さないという強い意思を感じました。その後、菅首相は、2021年の教科書検定で、「従軍慰安婦」「強制連行」という言葉を削除させました。学問の自由への抑圧は、教育・教科書の正当性の崩壊になっていくという思いを強くしています。

　ところで、私たちは、戦後、戦前に使っていた教科書の問題部分を墨塗りして削除したことを知っています。問題部分とは、政府が推進した戦争へ協力することを従順に受け入れる国民こそが善良な国民とするなど、軍国主義丸だしの記述部分です。戦前、政府の意向にそぐわない学問を糾弾し、政府の政策に批判的な学者を罷免（ひめん）し、教科書には国の政策を書かせて、国民に軍国主義を浸透する役割を担わせました。子どもが使う教科書に書いている軍国主義をきっぱり否定するために、新憲法第23条に「学問の自由は、これを保障する」を明記させました。憲法に「学問の自由」を記述している国はないといわれますが、それは教科書をはじめとする日本の教育が、学問に依拠するのではなく、時の政府の意向を反映したことへの猛省を忘れないためなのです。

　したがって、教科書の記述に携わるものは、学問に依拠すること、かつ、学問の研究者によって見解が異なるものについては、ここでこそ学問的な考えのぶつかりあいができるという期待をもって扱うことを鉄則としてきました。しかし、今、教科書の内容基準として示される学習指導要領が、以下のように、主要な部分で非学問的になってきていることへの懸念があります。また、軍国主義ではなく、今度は「経済活動への協力と自己責任」が入り込んでいます。

　まずその学習指導要領の非学問性を3つの視点から述べていこうと思います。

1　高等学校の学習指導要領の非学問性

（1）生活における「見方・考え方」の非学問性
　2017・2018年の「新学習指導要領」に、各教科の「見方・考え方」が付記されることになり、それは学問の裏づけのある内容であろうと期待していました。しかし、家庭科における“生活の見方・考え方”は、まったくの非学問的内容でした。

　「家族や家庭、衣食住、消費や環境などの生活事象を、<u>協力・協働、健康・</u>

快適・安全、生活文化の継承と発展、持続可能な社会の構築等の視点（下線筆者）で捉え、よりよい生活を営むために工夫すること」とあります。

　すでに家庭科の学習内容になっていた生活文化や、現代の重要な課題の持続可能な社会が記述されているので、疑問をもたずに受け入れている教師や研究者は多いです。しかし、ここには家庭科の寄って立つ学問である生活学や家政学など、学問における生活の捉え方の視点は皆無です。それは、協力・協働という道徳的価値項目を筆頭に、継承・発展・構築など、考える視点や行動の方向を示しています。これは、教科が、国民に向かって生活のしかたを指示する、古びた非民主主義の教育です。あえていえば教育は、教える者が、教わる者に指示することだという、特権者の発想です。「知識」「技術」を基本にした学習をどのように判断し、どのように生活に生かすかは、学び手である生徒の判断にあることが、教科教育の原則です。

　ちなみに本研究会では、家政学の定義にこそ生活の見方・考え方を考えるヒントがあると考えました。家政学では、生活を捉える視点を次のように示しています（表1参照）。

表1　家政学の定義（日本家政学会）

家政学とは
家庭生活を中心とした人間生活における
人間と環境の相互作用について
人的・物的両面から
自然・社会・人文の諸科学を基盤として研究し
生活の向上とともに、人類の福祉に貢献する実践的総合科学である。
家政学会将来構想特別委員会『将来構想委員会』(1987)

　ここには、生活の捉え方および研究の目的が、時間を超えた普遍的なものとして記されています。そして、上記を参考にして、家庭科における「生活の見方・考え方」を表2のように示すことが可能となります。

　参考までに、高校の新科目「公共」の「人間と社会のあり方についての見方・考え方」は以下（表3）のとおりです。

　学習指導要領家庭科の「生活の見方・考え方」は、強いていえば、教育内

容でしかありません。

表2　家政学に依拠する「生活の見方・考え方」の案

```
家庭科は
いのちと暮らしを守り生活を向上させる視点から
個人・家族・地域・社会の生活とその相互の関連を
ヒト・モノ・コトにかかわる実践と
国際関係や自然との関係を踏まえて総合的に捉え、
課題をみつけ、問題解決に取り組む。

　　　　　　　　　　　　　　　　　　　　（鶴田敦子）
```

表3　科目「公共」の「人間と社会についての見方・考え方」

```
社会的事象等を
倫理、政治、法、経済などに関わる多様な視点（概念や理論など）に着目
して捉え、
よりよい社会の構築や人間としてのあり方、生き方についての自覚を深
めることに向けて、
課題解決のための選択・判断に資する概念や理論などと関連づけて……
```

（2）PDCAの強化とその非学問性・非民主性

　学習指導要領家庭科では、ホームプロジェクトや学校家庭クラブ活動での学習で、長いこと問題解決の方法として、言い方はさまざまありましたが、計画（Plan）→実行（Do）→反省（Check or See）→改善（Action）の循環を示してきました。これは、戦後1947年、日本の家庭科教育をリードした、職業教育として位置づいていた米国の家庭科教育におけるホームプロジェクト（家庭内の問題解決）や学校家庭クラブ活動（学校全体で地域生活の課題に取り組む）が、日本の教育に導入されたことにはじまりがあります（第II部1・2参照）。

　PDCAサイクルは、1950年代、米国におけるモノの生産における品質管理の手法として開発されており、昨今の日本では、企業や行政において、立案・実行・評価という経営の管理・評価の手法として活用されています。

　この手法を、家庭科教育は、唯一無二の問題解決の手法として取り上げてきました。しかし、この手法はモノを対象にした生活改善のような比較的短時間で評価できる課題には使用可能ですが、育児や介護・家族関係など、人間がかかわるものや、食品添加物や農薬や食品・食料の生産にかかわる問題のように、家庭の外の企業や行政がからむ課題は、この手法での取り組みは無理があります。今でもこの手法をとると、取り上げる課題は、卑近な実用上の改善になりがちで、家庭科の学習の質を低めることになると批判してきました。

　これが、今度は、学習指導要領の「解説」に、生活課題を解決する「学習過程」としても示し、ホームプロジェクトや学校家庭クラブ活動と関連を図り、学習領域の一連の「学習過程」として位置づけることも可能とし、かつ、これは例示でありこれに限定されないと述べています（下線部は、図の説明にごく小さな文字で記されており、本文にはありません）。ところが、ホームプロジェクトの項では、前回の学習指導要領より、紙面の多くをさき、またしっかりと計画、実行、反省、評価（PDCA）を書いています。これらの一連の書き方は、PDCA の強化です。家庭科のように、複数の諸科学から成り立っている教科が、問題解決を一つの学習過程、または課題解決方法として示す非学問性を指摘しなければなりません。ものの考え方、解釈の方法は多様であり、たえず工夫され、変化していくものです。

　学校家庭クラブ活動とはなにか

　先にも述べたように、学校家庭クラブ活動は、個人の問題解決の取り組みではなく、学校や地域の生活のなかにある課題に取り組むことがめざされてきています。この原点が米国で職業教育にあったこともあって、現在でも専門学科などで取り組みがみられます。しかし、ここでの学校家庭クラブ活動は専門学科の科目ではなく、高校生全員が学習する共通教科の家庭科に位置づけられていることが大きな問題です。詳しくは本文（第Ⅱ部2）を参照してほしいですが、学校家庭クラブ活動が、一般財団法人家庭クラブが運営する「全国高等学校家庭クラブ連盟」に加盟することと区別なく、語られていることが常態化していることは、重大な問題です。この組織への加盟は任意

であり、入会するには会費が必要です。加えて教員・校長が成人会員として参加し、クラブという生徒の自主的活動のイメージとはかなり違う教師主導の活動と全国大会が開催されて、毎年の大会で賞を与えることが行われています。戦後70年余が経過した今、学習指導要領で示す教科学習と外部組織とのかかわりについて、改めて、根本から総合的に検討するべきではないかと思います。

（3）新自由主義への期待と非学問性

　学習指導要領では「生活設計」は、家庭科の授業計画のトップとラストに位置づけて学習することを述べます。本来、教師の自由裁量である授業計画にかかわることまでも指示するということに、この項目への強い意図がうかがわれます。

　学習指導要領「家庭基礎」には表4に示す内容が記述されています。ここで、すこし新自由主義について触れておきたいと思います。

　新自由主義という経済・政治の考え方は、1970年代後半に登場し、世界では1980年代のサッチャーやレーガンによって推進され、世界に蔓延しました。日本では1990年代に入って紆余曲折しながら試みられ、橋本・小渕・森・小泉・そして安倍の各内閣ですすめられ、現在もその路線上にあります。

　1970年代頃までは、先進国は、経済活動を国家が規制し、福祉拡大路線をとっていました。しかし、1970年代に石油危機（石油産出国が、価格の大幅な引き上げ、石油生産の削減、輸出制限などを行い、それにより生じた経済の世界的な混乱）を契機に、従来とは異なる経済・政治の考え方＝新自由主義が登場します。ここでは、経済活動に対する国家の規制を削減・緩和し市場の経済競争に委ねること（これが世界的に広がったのがグローバル経済である）、政治は福祉や公共サービスを縮小し「小さな政府」「民営化」をめざすというものです。小泉内閣の郵政民営化や、国立大学の独立行政法人化、非正規雇用や派遣労働者の増大、民間運営の高齢者施設の増加などを想起すれば、このことはすぐ理解できると思います。福祉政策の後退について、

2009 年の高校学習指導要領家庭科は、福祉の学習は、福祉とはどういうことかという基本的な理念を学ぶこととしました。

生活設計にみえる新自由主義が求める人間像

福祉政策の後退は、福祉に頼らないで生活できる強い個人を求めます。それが「自立」であり、自己責任を引き受ける個人であり、そのためにマスコミメディアは「勝ち組」「負け組」という言葉で「負け組」にならないよう努力するように仕向けました。一方で「自助」「共助」「公助」という、本来、災害緊急時にいのちを守るための行為としての 3 助を、人間と社会双方の助け合いの美徳として誘導し、政策の基本に据えました。

新自由主義の政治は、この言葉を利用しつづけ、菅前首相は、「公助」は「一番最後」と口にしましたが、「公助」は、国民が納めた税金を使うという政策として行われるべきものです。

一方で、新自由主義は、どこの国でも人々の経済格差を増大させていることも明らかになってきました。その不満を抑えるために、人々を納得させる装置が必要であることも新自由主義推進側の関心事になります。日本の場合、それは「愛国心」という復古的国家主義の浸透であり、そのために、道徳教育の強化と教育基本法の改訂を行い、道徳は教科へ格上げとなりました。筆者の調べでは、教科道徳で扱う項目内容は、戦前の修身とかなり類似しています。教科道徳は、自分の要求を求めず、自分のいたらなさをひたすら反省し、努力し続ける人間に近づくことを求めています。

以下、表 4 をみましょう。

表 4 にあるのは、新自由主義の求める、自立し、自己責任を果たし、加えて、生活設計に、結婚し子ども産むことを考える人間像といえます。それに向かって教育することを教師に求め、生徒の生き方をそれに方向づける教育です。これは、世界の人権規約や子どもの権利条約の示す教育の目的に反することになりはしないでしょうか（表 5）。両者とも社会的人権と基本的自由の尊重を謳っています。

表4　学習指導要領「家庭基礎」

項　　　目	内　　容（期待されていること）
生活設計	○将来の生活に向かって<u>目標をたて</u>、 ○展望をもって生活することの<u>重要性を理解し</u>、 ○<u>生活を設計することができるようにする。</u> ○<u>自立した生活</u>を営むために　様々な生活課題に<u>適切に意思決定し</u>、 ○<u>責任を持って行動することが重要であることへの理解を深め</u> ○<u>不測の事態にも柔軟に対応する必要性を認識し</u>、
青年期の自立と 家族・家庭	家庭を築くことの重要性について
保育	子供を産み育てることの意義
高齢期・共生社会	自助・共助・公助・互助（高齢期はこれも加わる）
保育・高齢期	福祉の理念の理解

表5　経済的、社会的および文化的権利に関する国際規約（社会権規約〈抄〉）
　　　1966年 国連採択 1979年 日本批准）

第13条
1　この規約の締約国は、教育についてのすべての者の権利を認める。締約国は、教育が人格の完成及び人格の尊厳についての意識の十分な発達を指向し並びに<u>人権及び基本的自由の尊重を強化すべきことに同意する</u>。更に、<u>締約国は、教育が、すべての者に対し、自由な社会に効果的に参加すること</u>、諸国民の間及び人種的、種族的又は宗教的集団の間の理解、寛容及び友好を促進すること並びに平和の維持のための国際連合の活動を助長することを可能にすべきことに同意する。（以下省略）

子どもの権利条約　1989年 国連採択　1994年 日本批准

第26条
締約国は、児童の教育が次のことを施行すべきことに同意する。
　(a) 児童の人格、才能並びに精神的並びに身体的能力をその可能な最大限まで<u>発達させること。</u>
　(b) <u>人権および基本的自由</u>並びに国際連合憲章にうたう原則（紛争の平和的手段の解決等）の尊重を育成すること。

人類的課題の解決に箍をはめる

　一方、新自由主義経済・政治と自然環境破壊との関係は明らかになってきています。現在の地球温暖化による地球気候変動、そして原生林の破壊によるウイルスの人間への感染、諸外国間の経済格差、世界で8000万人を超す難民の創出、ロシアのウクライナ侵攻、進む軍事同盟下の支配をめぐる戦争など、自然破壊と経済格差と人類的課題は、新自由主義経済・政治によるグローバル経済競争と無関係ではなく、それが今、同時に進行しています。このような人類的課題について、学習指導要領は、「消費生活から参画できるようにする」「持続可能な社会の構築に向けた……購入できるようにする」と、行動と考え方に箍をはめ、問題の根本的な要因に考えがいかないように誘導しているといえないでしょうか。

　生きている人々の具体的な人類的課題を、生徒が取り上げ、自分たちはどうしていくかを考え・実践する機会を設定する教育に向かいたいと思います。

2　教科書作成側が留意すべきこと

（1）日本における教科書の位置

　高等学校は、義務教育学校ほど学校における教科書の使用義務の拘束性は強くないものの、教師が立案する授業内容に多大な影響を与えていることは否めません。かつ、その教科書は、検定教科書です。他国では検定制度はごく少数の国でしか実施されておらず、自由発行が多くなっています（巻末「資料」参照）。検定教科書は学習指導要領という国家の意向が反映されたものであることは、十分に認識する必要があります。

　諸外国にも教科書はあるのですが、日本のように学校教育で使用の義務を定めている国は先進国ではほとんどなく、教科書はさまざまな教材の一つという考えが普通です。かつて、日本では「教科書を教えるのか」「教科書で教えるのか」と議論になったことがありますが、日本の教育における教科書はつねに重要な位置にあります。その背景には、日本は、学制（1872）以降、1903年から小学校で、1943年から中等学校・師範学校で、いずれも戦後の

1948 年までの約 45 年という長い間、国定教科書だったことがあります。国定教科書は内容も執筆者の選定も国家が決め、全国一律に教科書を教える教育を推進してきました。その長い歴史は、教科書は教育の要、教科書は従うに足るものという意識を形成してきました。

　戦後は、検定教科書になります。その一方で 1947 年、「試案」と示された学習指導要領は、早や、1953 年には「国家基準」となり、検定と国定の違いを曖昧にさせました。検定を強化すれば国定に近づき、検定は唯一執筆者を教科書会社が選定していることが国定教科書との違いになります。また昨今の義務教育学校の教科書採択権が、教員から地方自治体の教育委員会の権限に変更されて以降、教科書は、ますます権威のあるものとして教員の自由裁量の教育を減らしています。

（2）教育の内容を決めるのは誰か

　1976 年、旭川学力テスト事件における争点になった「教育内容は誰が決めるのか」について最高裁の判決は、「憲法上、親は一定範囲においてその子女の教育の自由をもち、また、私学教育の自由及び教師の教授の自由も限られた範囲において認められるが、それ以外の領域においては、国は、子ども自身の利益の擁護のため、又は子どもの成長に対する社会公共の利益と関心にこたえるため、必要かつ相当と認められる範囲において、子どもの教育内容を決定する権能を有する」（裁判要旨、最高裁判所判例集に記載）というものでした。簡単にいえば教育内容の決定権は、国・親・教師の 3 者にあることになります。

　検定教科書の作成会社および執筆者は、学問に基づくことを原則に、子どもや親の教育への願いを汲み上げた記述になるよう努力することが求められると思います。執筆者もまた、政権政治をチェックする憲法前文で述べる主権者の一員として、存在していることを忘れないようにしたいものです。

6　求められている家庭科教育の変革

鶴田　敦子

はじめに
——学校教育に正当に位置づかないでいる家庭科

　家庭科教育は、教育関係者や一般の市民から「大事な教育」「もっと重視されるといいのに」といわれることが少なくありません。しかし、制度上ではそうではありません。男女共修の家庭科へ転換（実施：中学校 1993 年、高等学校 1994 年）しておよそ 10 年経過した頃から、年々学校における家庭科時間数は減少しつづけ、現在は、中学校・高等学校の時間数は当時のおよそ半減になっています。小学校 1、2 年で履修が終わる生活科の次に、小・中・高を合わせてもっとも時間数の少ない教科になっています。このような状況の背景に何があるのでしょうか。

1）「知・徳・体」の教育論で忘れていること
　日本には明治期成立の学制以降、教育内容や人間の理想を「知・徳・体のバランス」で捉える教育論があります。これらの教育を支えているのは、食生活等が生み出すエネルーと疲れた体を回復する休養と睡眠であることは自明ですが、それは、一言でいえば、衣食住などの「生活」であり、それが人間の全活動を支えていることを肝に銘じなければなりません。しかし、教育は、それを看過させたまま今に続いているといえないでしょうか。この教育論は、江戸時代、貝原益軒の『女大学』に代表される男尊女卑の思想の伝搬が、女子を低い位置に追いやり、長じて、女子が主に担っていた領域＝家事・育児等は、収入を担わないことも加わって、価値あるものとして見ることが

できないジェンダー・バイアス意識として、いまだに残存しています。「知・徳・体」は「知・徳・体・生」として語る必要があります。

2）経済成長に寄与する学校教育

ところで、国家の関心は、多くの国がそうであるように、自国の産業・経済の発展であり、そのための教育です。戦後、日本では、経済の高度成長をめざして「理・数」教材の強化が行われ、現在の英語におけるコミュニケーション重視・プログラミング教育・デジタル教育への傾斜、高校家庭科に投資教育の導入等々も、国家の経済政策と固く結びついています（第Ⅱ部8参照）。

そもそも、戦後、男女共に開かれた家庭科を女子のみ必修にした理由は、男性は、長時間企業戦士として働く、女性は、その男性を癒し、かつ、将来の労働力として子どもを産み育てる役割をするという性別役割分業論のもとで、経済発展を意図したからです（第Ⅰ部1参照）。

経済の成長を否定するものではありません。しかし、そのために、自分で考え自分で決める個人の生き方を、国家の教育制度が、「男は外で働く、女は内で家事、育児に専念する」という性別役割分業を誘導するなど、人権無視が行われてはなりません。家庭科の教育意義は、人間の全活動を支える「生活」を、十全にまっとうする力を性別にかかわりなく身につけるためです。

1　人間の生活の学びの核心と生活の自律

（1）消費生活ではなく「生活」への移動

生活は、一般に、人間が生きるための活動の総体であると説明されます。その主な活動は、発達段階によって異なりますが、幼児は主に、「遊び」、子どもは「さまざまな学び」、大人は「労働や余暇活動」など異なりますが、それらは、職業労働等によって得た収入がなければ諸活動を行うことはできません。そこで生活は、モノやサービスの生産や役務等の職業活動を生産過程とし、それ以外の活動を消費過程と、二つに大別することが行われてきま

した。

　しかし、この生活の捉え方には、次のような見解が出されることになります。

　①生産過程は、衣食など消費過程の活動が支えている。②消費過程では、エネルギーの再生産と、子どもを産み育てるという人間の生産それ自体も含んでいます。さらにそこで行われる調理・裁縫等の種々の③家事労働は、生活資料に手を加えるという文化の生産であり、消費という言葉は妥当とはいえないという見解です。

　このような問いのなかで、経済学における生産と消費を脇に置きつつも、生産課程と消費課程は相互関係にあることを前提に、消費過程は、消費生活と限定せず、「生活」という言葉が通用するようになります。さらに、その「生活」はこれまでは複数人のいる家族の生活の場を示す「家庭生活」を暗黙に想定し語っていましたが、近年、一人暮らしの人が多くなるなかで、生産過程を「公的生活」といういい方に対応させて、「私的生活」あるいは「個人生活」など、表現は多様になってきています。

（2）ケアを通して人間の尊重の具体を築く

　ところで、家庭科の学びの内容を、一言で、「いのちと暮らしの学び」と説明されることが多くあります。「いのち」は「いのちを産む・育てる・健康に生きる・看取る」ということであり、乳児期を経て幼児期・青年期・成人期・高齢期というように、人間の発達とその変化を、自分自身への理解を深めながら学んでいきます。「暮らし」は、このいのちを支える、「衣食住の生活、保育・教育・看護・介護などの人とのかかわりとの生活、それを支える収入を得る職業生活」等々となります。つまり、別のいい方をすれば、最近、注目をあびているケアは、「いのちを支えあう暮らしの実体」として生活のなかにあるものです（第Ⅰ部2・3参照）。

　ところで、中学校家庭科の授業で幼児と触れ合い体験をしたあと、ある中学生は、児童公園を、幼児が安全に遊ぶだけでなく、年上の青年と遊んだり、高齢者とかかわる場としての公園になることを、体験後の感想文のなかで提

案しています。この提案は、経済中心社会が捨ててきた人間相互尊重の生活という根源的な価値を、ケアの社会化の具体例として捉えるべきではないかと思います。

（3）生活の社会化・グローバル化へ向き合う自律

1）企業活動のターゲットになった「生活」

　経済の高度成長に成功した日本は、1970年代後半頃から、さまざまな企業が家事サービスの提供に着手しはじめました。食物関係でいえば、外食産業の増加・加工食品や調理食品等の開発と増産など、食品産業による便利な商品の提供が多いことは誰でもが気がつきます。また、1990年代頃からの「小さい政府」の政策は、育児・介護などの福祉サービス産業による提供を増加させることになりました。

　ところが、その一方で、2000年代頃から、終身雇用が崩壊し非正規労働が常態化し、生活基盤の不安定化が顕著になってきました。その一方で、消費行動の国際化、カード使用によるキャッシュレス化、さまざまな金融商品の提供等々、個人の経済生活もまた、グローバル化・デジタル化の波をあびるようになってきました。このたびのコロナ禍（コロナの感染が招いた世界的困難）のなかでは、日本では紙の原料や医薬品等々の生活必需品まで輸入していること、ウクライナへのロシアの侵攻で小麦の輸入不足を招くなど、経済のグローバル化と、自国のいのちや生活と密接に関係していることを、身をもって体験することになりました。

2）曖昧になった「生活」の内と外とその教育

　このように生活は、諸環境の影響を受けてつねに変化してきたことを認識する必要があります。そのなかで、生活が外の諸環境から脅かされないように各個人が注意して生活するという自己責任の生活か、それとも、社会化・グローバル化の長短を見極め、場合によっては共同で話し合い、「生活」する側から、経済・政治へ異議申し立てをする、憲法の番人である主権者を育

てるのか、家庭科で身につけたい資質・能力はどのようなものか、議論しなければならない状況にきています。

　1997 年、家政学会家庭経営学部会は名称を生活経営学会に変更しました（家政学会家庭経営学部会　1997）。その理由は、多くの場合、家族を中心にした家庭生活で行われてきた私的生活が　個人や施設での生活の機会が増えていること、そして、家庭の機能が社会化され、生活行為は家庭に止まらないことをあげています。

　「生活」の内と外との境界線が不明瞭であり、かつ、経済や政治の影響下に生活がさらされている状況下にあるなかで、経済・政治にかかわることは社会科・公民科でという、教科区分にこだわる教育では、いのちと暮らしを守ることは難しいのです。「生活」の自律とは、「いのちを守り安定した暮らしを営む」生活の主体者として、諸環境の変化を無批判に取り入れるのではなく、諸環境の変化の是非を吟味し、いのちと暮らしを守るための政策を求めていくことです。

2　教育の転換を突きつけた 3 つの世界的な出来事

（1）歴史的出来事が突きつけたこと
　2020 年代に入って生活の社会化・グローバル化・不安定化に加えて、全世界は、今、地球上の危機とその解決のための行動を迫られることになりました。

1）地球温暖化
　2021 年 8 月 IPCC（国連の気候変動に関する政府間パネル）は、それまで、気候変動の原因の諸説の一つとしてあった、“化石燃料の大量消費など人間の活動”にあると結論づけ、その後 11 月に開催された COP26（国連気候変動枠組条約第 26 回締約国会議）は、産業革命（18 世紀後半）以降の気温の上昇の限界を 1.5 度と定め、2022 年末までに、各国が独自に定めている 2030 年の温室効果ガスの排出量削減目標を見直すことを課題としました（第Ⅱ部 7 参照）。

２）新型コロナによるパンデミック

　新型コロナの感染の要因は、人間の歯止めのない経済活動が人間と原生林の距離を縮めてしまったことと無関係ではありません。原生林の伐採や野生動物の密猟等が、原生林の縮小と野生動物の餌不足をまねき、野生生物がウイルスの宿主である蝙蝠（こうもり）の死骸を食べ、その動物を介して人間とウイルスが接触する機会が増えたこと等にあります。人々が移動する世界をつくり出したグローバル経済活動は、またたく間に全世界に感染を広めることになりました。

３）ロシアによるウクライナ侵攻

　2022年、ウクライナへのロシアの侵攻は、乳児・子どもをまきこむ殺戮（さつりく）行為として続けられています。第二次世界大戦の猛反省のもとに、国連憲章が定めた「すべての加盟国は、その国際関係において、武力による威嚇又は武力の行使を、いかなる国の領土保全又は政治的独立に対するものも、また、国際連合の目的と両立しない他のいかなる方法によるものも慎まなければならない。」という原則は、まったく実効性を失いつつあることを思い知らされました。世界は、武力の同盟をつくり、日本も含まれるのですが、戦争準備の進行に傾きつつある政治を目の当たりにすることになりました。

　以上の３つのことがらは、経済の成長と経済のグルーバル競争を優先させてきたことの証左ともいえます。経済活動は、「正」の部分と同時に、「負」を生産してきており、後者の経済活動と、かつ、それと一体化する政治の両者を、批判はしても、それについて声をあげ、それをストップさせるところまではいかないで過ごしてきたことにおいて、我々の力不足を十二分に意識する必要があります。

（２）家庭科教育の側の反省

　ここで、日本の教育の世界に深く根づいている「政治的中立」について触

れないわけにはいきません。ドイツの政治教育の研究者である近藤孝弘は、ドイツでは、意見に違いがあることを前提に、対立する意見をフェアに扱うことを要求するが、「日本は、正しい理解の伝達を目的とし（政治の仕組みなど─筆者注）中立性の要求は意見が対立するテーマを排除し、結果として非政治性へと変質する」と指摘します（近藤　2011）。

　非政治性とは、政治への無関心・忌避であり政治嫌いという性向のことです。家庭科の教員間では、生活の問題が深まり政治の話になると、"それは社会科で扱う"と教科の壁を持ち出し政治の話を避け、学習指導要領では福祉における自助・共助・互助など政権側の政治政策も当然のように持ち出し、教員の側もそれを受け入れていきます。非政治性に加えて政権政治の受け入れが常態化しています。学習指導要領は、経済や政治のリーダーの政策を加味した中央教育審議会の答申という国家政策を徹底する文書であるにもかかわらず、良い部分は良い、悪い部分は悪いと批判的に受け止める姿勢は少なく、教科書もごく限られた国でしか行われていない検定教科書であり、かつ、他国にはない教科書の使用義務を学校教育法で決めるなど、政権の意向が教育に反映されやすい制度であるにもかかわらず、容認してきたという反省もあります（第Ⅱ部4・5・9参照）。

3 「生活の自律」をめざして

（1）「生活者」という主権者

　「生活者」という用語を使用して生活論を著した人に三木清（哲学者・1897-1945）がいます。三木の生活者論は「自分と自分の生活は社会の『構造』によってつくられたものである。しかし、生活者はそうした所与の条件に安住するだけの存在ではない。主体としてそれをつくりかえ、あるいは破壊して新しい生活の形をつくりだす技術的人間にほかならない」と天野は解説します（天野正子　1996）。また、戦後、消費がもてはやされるなかで、大熊信行（経済学者）は「"消費者"という一つの言葉は、これを経済学に返納して、日常生活ではわたしたちは生活者である、という新しい自覚に立ちたいもの

と思う」と述べています（天野　1996）。ここには生活のなかにある生命の再生産を経済の理論で語ってはならないという批判を込めていることが伺われます（第Ⅰ部1参照）。

　生活者を端的にいえば、「生活の意味を理解し生活の中に問題があることを意識する人々」（天野　1996）です。三木の上記の言葉は、生活をつくる主体は、生活している人々であることを語っています。ここには当然ながら、子どもも含まれます。

　しかし、家庭科では○○しましょう。○○が大切です、と教科書や教師が生活のしかたを語る場面が少なくありません。これでは「生活の主体」が育つわけがありません。「生活者」は、「主権者」の一側面ともいえますが、「日常生活の中に問題をみることを積極的に位置づけた主権者」です。この言葉は他国にはない日本固有のものです。この言葉をつくりだした日本の取り組みに筆者は誇らしく思います。

（2）「生活者」に求められる3つの資質・能力

1）生活の「社会化」への判断力

　ここでは進む家事の外部化・社会化にかかわって述べてみたいと思います。それは、家事の機械化と同様に、人々にとって家事負担を減らすというプラスをもたらしました。しかし、一方でそれは、商品への依存度を高め、生活の画一化・貨幣化をもたらしました。最近のAI化は、非常に便利で、人間ができなかったことを実現するなど、光の部分と、反面、人間の諸能力の弱体化を招くなど陰の部分もあります。これらの提供は、人間にとって、いいことかどうか、どの年代、どの人に適するものか、立ち止まって考え、自分の意思で生活すること、これが「自律」の一側面です。

　日本は、食料の輸入が多い国ですが、同時に食品ロスも多い国です。食品ロスを減らしましょうという授業だけでなく、この二つの状況の間にどんな問題があるのか、食品ロスとはどういうことか、なぜ多いのか、問題の本質を考えさせる授業は、問題解決の深い思考となります。それらを考えること

なく、エコクッキングの調理実習をするだけの授業などは、生活の自律には
つながりにくいといえます（第Ⅱ部6参照）。

2）問題の本質に迫る思考と行動

　コロナ禍のなかで、自国の食料を守るために食料輸出を制限・停止した国
が17カ国ありました。そのとき日本は、その影響を免れましたが、今回の
ロシア侵攻では、世界の緊急時は日本の食料はどうなるかを自国の問題とし
て考えることとなりました。また気候変動と世界人口の増加について、これ
までは、教科書では、食料自給率の低いことの問題の指摘にとどまり、どう
解決するかまで考える内容は書かれてきませんでした。このような記述では
自国の食料の危機を解決する力にはなりえません（第Ⅱ部6参照）。問題の
指摘で終わるのではなく、問題解決のための、世界や日本の動向などを高校
生が調べたり、教科書で知らせたり、農業従事者から話を聞くなど、学校の
外でどのように取り組まれているかを知ることなく、食料問題解決の方向は
見いだせません。

　家庭科の間に浸透してしまった、問題解決の方法＝PDCAサイクル（P「計
画」D「実行」C「反省・評価」A「改善」）は、自分のまわりの問題には適
していても、大きな社会的な問題には不適当であることは明らかです（第Ⅱ
部1・2参照）。教師は、問題解決に一つの学習方法を当てはめて考えさせる
のではなく、自分たちでどうしたらいいかをさまざまな資料から多角的に考
えさせるなど、自律的な思考をする場面を設定することではないかと思い
ます。

3）動く身体と手を使う

　三つ目の自律は、動く身体と技能を手にすることです。電化製品やAIが
組み込まれた製品は、障がいをもつ人を助けるという面があります。しかし
それぞれが、それらをどのように利用するか、しないのかの判断は必要だと
思います。便利なものへの依存は、人間を退化させていく一面も併せもちま
す。生活は、技能が単独に行われるのではありません。技能は、①それを使

う人とそれを使う場面を想像しながら、知識を総動員して身体と手を動かして元とは違うものを作る過程です。だからこそ、そこで人間は成長し、自分で作る力と既製品を判断する目を養うことになります。②そして、道具とその使い方を知り、段取りを考え、別のものが作れたという経験を、心地良い体験として人間が記憶することはできます。買う文化、使い捨て文化を脱却する力は技能のなかにあります。

　ここではこの三つを取り上げましたが、要するに社会のなかで自律する人間は、手と頭を使う人間であるということです。その確認しかありません。思考・判断・表現という脳の活動は、手作業と人とのかかわりのなかにあります。生徒たちが意見を述べ、話し合う授業は、最初はうまくいかなくても、繰り返すなかで話す力は発達していきます。知識や概念は固定的なものではなく、人々の解釈や話し合いのなかで変化していくものでもあるからです。

　おわりに
　　——世界の歴史の転換に家庭科教育の変革を重ねる

　ところで、ジェンダー平等は、いまやLGBT等多様なセクシュアリティと結びつき、「性差別」にとどまりません。障がいの有無、人種の違い、学歴の差異等にある「あらゆる差別」を包含し、それらの解決をめざすものに発展してきています。なぜか。江原は、「ジェンダーは、人間の知的活動の視点や知的活動の所産である知識がもつ視点の歪み（バイアス）のすべてを認識対象とするシステムの変更を視座に入れるものである」と指摘しています（江原　2006）。
　筆者は、ここから、「産業・経済発展中心の学校」を当然視してきた学校の歪みを、「人間のいのちと暮らしを主要な柱に据えた学校」教育への転換という課題として捉えたいと思います。
　デューイは、「生活とは、環境への働きかけを通して、自己を更新（いのちをつなぐこと—筆者注）して行く過程なのである」そして、「最も広い意

味での教育は生命のこの社会的連続の手段なのである。……伝達なしには社会の生命は持続できない」（デューイ　1975）ともいいます。これを、「教育は根源的にはいのちを守り次の社会へつなぐこと」である、と筆者は受け止めます。そのためにも、人間の生活を中心に据えた、環境に働きかける新しい家庭科教育を、生徒と共に授業のなかで作り出し、その価値を周囲が容認する状況を作り出していきたいと思います。

引用文献

天野正子（1996）『「生活者」とはだれか─自律的市民像の系譜』中公新書、24、124

江原由美子（2006）「ジェンダー概念の有効性について」若桑みどり・加藤秀一・皆川満寿美・赤石千衣子（編）『「ジェンダー」の危機を超える！』青弓社、47-49

家政学会家庭経営学部会（1997）『家庭経営学研究』No.3、1997

近藤孝紘（2011）ドイツの政治教育における政治的中立性の考え方、総務省「常時啓発事業のあり方等研究会」(2011年7月25日開催) 配布資料/議事概要、1-3

John Dewey（1916）『民主主義と教育』（上）松野安男訳（第1刷1975、2007第22刷）岩波文庫、12-13

第Ⅱ部

視野を広げ、共同する学びへ

1　ホームプロジェクト Plan→Do→Seeは万能か

轡田　徳子

1　ホームプロジェクトの変遷と教科内の位置づけ

（1）職業教育の指導方法として導入されたホームプロジェクト

　ホームプロジェクトは、米国で、農業の生産性を上げるために農業教育として開発された「プロジェクト」という教授・学習方法です。1921 年に米国職業教育局からホームプロジェクトの家庭指導における応用が発表され（伊波　1988）、当時、職業教育の一つに位置づいていた家庭科教育にホームプロジェクトが適用されたことに端を発します。「プロジェクト」は一般に計画（計画する）・設計（設計する）・立案（立案する）ということに力点を置く学習方法です。大正末期に日本にも紹介され、実業補習学校などで「家庭実習」として行われました。ここで押さえておきたいことは、ホームプロジェクトという指導方法はもともと職業教育のなかの家庭指導の一つであったこと、日本に導入されて以降、日本では家庭実習として生活改善運動の一環として置かれたということです。

　戦後、1948 年の学習指導要領ではホームプロジェクトという言葉は家族の学習のなかで触れる程度でしたが、1956 年学習指導要領では、普通教育と職業教育の家庭科を総合して、家庭教育の全般的指導の観点から有効な学

表1　1956年　学習指導要領（家庭一般）

「職業に関する家庭においては、①すべての生徒に履修させる職業に関する教科・科目の単位数は前回と同様に30単位以上であること、②「家庭科」および「農業科」の科目の所定数の２割以内を「家庭実習（ホームプロジェクト）」に充当し、単位を認定することができる。（後略）

習としてホームプロジェクトが記述されるようになります。そして、"職業に関する家庭"について記述されたなかに、先述の大正末期に伝えられた当時の「家庭実習」という名でホームプロジェクトが登場するようになります。

（2）学習方法から学習項目の変更とその背景
1）1978 年学習指導要領で学習項目になる

表2に、1960年から男女共修になった1989年までの学習指導要領の学習項目を記します。

表2　学習指導要領にみる家庭科の単元、領域等の変遷

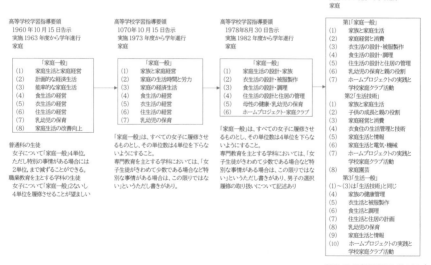

学習方法として扱われていたホームプロジェクトが、学習項目として扱われるようになったのは1978年学習指導要領からです。ここでの学習項目は、それ以前の学習項目の書き方と異なり、5項目中4項目までが「○○の設計と○○」という書き方になっていて、家庭科全般が、計画・設計・立案というプロジェクトで構成されたことを意味します。そこに6項目として、ホー

ムプロジエクトと学校家庭クラブ活動が位置づきます。また1978年学習指導要領には下記のような特徴もあります。

表3　1978年学習指導要領（家庭一般）

第1章　総則　第3款各教科・科目の履修
2　普通科における各教科・科目の履修においては、上記1のほか次のとおりとする。
（1）『体育』について、全日制の課程のすべての男子に履修させる単位数は11
　　単位をくだらないようにすること。
（3）『家庭一般』は、すべての女子に履修させるものとし、その単位数は4単
　　位をくだらないようにすること。
3　専門科目を主とする学科における各教科・科目の履修においては、上記1の
ほか次のとおりとする。
（2）『家庭一般』は、すべての女子に履修させるものとし、その単位数は4単
　　位をくだらないようにすること。ただし、女子生徒数が極めて少数である場
　　合には、この限りではないこと。

第2章　第8節　家庭　第3款　各科目にわたる指導計画の作成と内容の取り扱
い
3　『家庭一般』については、次のように取り扱うものとする。
（3）男子が選択して履修する場合には、第1章第7款の4に定める内容選択に
　　ついて特に配慮し、適切な指導をするものとする。

　このように、女子のみに4単位を課し、普通科にあっては男子に体育を女子より2単位多く課し、残りの2単位は職業科または芸術を選択させることにより、男女の総単位数の整合性を図ろうとしました。性による教育課程編成の差が家庭科と体育と二重に導入されたことになります（朴木他　1990）。まさに、社会的・文化的性差を固定的に捉えたジェンダーバイアスを前提に、丈夫な身体を備えた男性労働者と、その労働者を家庭で支えるという性別役割分業の強化を目標にした家庭科の学習指導要領であったといえます。したがってホームプロジェクトは、女性が家庭経営にあたることを前提にした方策であったことが推察されます。

（2）変化の背景と対応
　1978年の学習指導要領は、教科を超えた学校教育全体について方針を述

表4　1978年　学習指導要領総則

第1章　総則　第1款　教育課程編成の一般方針等
1　（中略）生徒の人間として調和のとれた育成を目指し、……（中略）適切な
　　教育課程を編成するものとする。
2　学校における<u>道徳教育</u>は、学校の教育活動全体を通じて行うことを基本とす
　　る。したがって、各教科に属する科目（以下「各教科・科目」という）及び
　　特別活動において<u>それぞれの特質に応ずる適切な指導</u>を行わなければならな
　　い。
3　学校における体育に関する指導は、学校の教育活動全体を通じて適切に行う
　　ものとする。（以下略）
4　学校においては、<u>地域や学校の実態等</u>に応じて、<u>勤労にかかわる体験的な学
　　習の指導</u>を適切に行うようにし、働くことや創造することの喜びを体得させ
　　るとともに望ましい勤労観や職業観の育成に資するものとする。

（下線は筆者）

べる「総則」の書き方が、大きく変わりました。それまでは、文字量も少な
く全体で2~3行という非常に簡単だったものが、一般方針として4項目に
わたって各説明の文章が付記されます。

　ここで気になるのは、2項目の道徳と4項目の勤労に関する体験学習です。
というのは、1978年の学習指導要領を1970年の学習指導要領と比べてみる
と、家庭科の目標に「職業に必要な能力」が加わり、1970年の学習指導要
領では「家庭一般」の目標（1）に、「総合的に習得」の文言が、1978年に
は「体験的・総合的に習得」に変化しました。さらに、実験・実習には総時
間数の10分の5を当てることが明記されました。また、1978年の一般方針
4の「勤労にかかわる体験的な学習」と記されている一文の「勤労にかかわ
る」を外して「体験的・総合的」へと換言した表記ではありますが、学習指
導要領一般方針4に傾倒したのではないかと思われます。一般に「体験学習」
は「身体と頭脳と心をつかう総合的な学習」として評価が高い学習となって
います。

　一般方針2（道徳）とのかかわりは定かではありませんが、生徒の主体性
や科学が位置づいていないと、その内容は指導者のいいなりとなる、従順・
奉仕などを学ぶ、道徳的徳目に転化することは、部活動の練習等で多々指摘
されているとおりです。

　家庭科における体験学習が実践という名のもとに吟味されることなく、「実践」は良い、「体験」は良い、と無条件に実施されることには注意が必要だと思います。そもそも家庭科における実践や体験はどういうものか検討する課題があるように思います。

（3）2018年に学習項目から学習領域になる

　2018年の学習指導要領では、A：人の一生と家族・家庭及び福祉，B：衣食住の生活の自立と設計，C：持続可能な消費生活・環境，と並び、「D」に一領域として学校家庭クラブ活動とともに確立します。昇格の跡を感じます。

　これまで　ホームプロジェクトと学校家庭クラブ活動は「対」になって登場します。全国高等学校家庭クラブ連盟のHP（最終閲覧 2023）によると、「全国高等学校家庭クラブ連盟（全国連盟）は高校生全員が学ぶ家庭科の学習内容の発展としての実践的・体験的な活動のホームプロジェクトと学校家庭クラブ活動を推進するための全国組織です」とホームプロジェクトと両輪となって高等学校家庭クラブ活動を推進する、と書かれています（傍点筆者）。学校家庭クラブ活動は、組織的にはまったくの民間団体です。近年は加盟校数が減少しているという状況があります。ホームプロジェクトは、グローバル世界が進行するなかで、課題を生徒たちの家庭や地域から探索させるという問題があります。加えて、近年流行のPDCAサイクルという問題解決方法を長年採用してきました。

　領域になった背景を探ろうとするとき、家庭や家族の価値を周知徹底させるためなのではないか等、家庭科教育の攻防にかかわる政治的判断があるように感じますが、読者の皆さんはどうお考えでしょうか。

　ホームプロジェクトと学校家庭クラブ活動のこれまでの扱いを図にすると下記の図1のようになります。

図1　アメリカ発祥のホームプロジェクトから現在まで

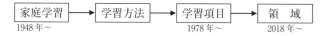

2　奨励されるホームプロジェクトと学校家庭クラブ活動

　先述のように昇格したホームプロジェクトと学校家庭クラブですから、学習指導要領　2　内容とその扱いにおいて、「ホームプロジェクトを実践することによって、内容のAからCまでの学習で取得した知識と技能を一層定着し、総合化することができ、問題解決能力と実践的態度を育てることができる」と、4領域のなかの最重要領域であるかのような書き方です。指導にあたっての注意事項を、以下に要約します

表5　2018年学習指導要領　内容とその扱い（要約）

①　家庭科の授業の一環として年間指導計画に位置付けて実施すること。
②　授業の早い段階において実施することを説明し、意義と実施方法について理解させ学習の見通しが立てられるように指導する。
③　内容のAからCまでの指導は、中学校の「生活の課題と実践」を踏まえ、より発展的な取り組みになるように学習内容を自己の家庭生活と結びつけて考え、つねに課題意識をもち、題目を選択できるようにする。
④　課題解決にあたっては、まず目標を明確にして綿密な実施計画を作成できるように指導する。次に生徒の主体的な活動を重視し教師が適切な指導・助言を行うこと。
⑤　学習活動は、計画、実行、反省・評価の流れに基づいて行い、実施過程を記録させること。
⑥　実施後は反省・評価をして次の課題へとつなげるとともに成果の発表会を行うこと。

　このような強制力をもった記述なので、新しい教科書はどうなっているのでしょうか。

（1）新教科書でのホームプロジェクトの取り上げ方

　2018年の新学習指導要領においてホームプロジェクトは、年間指導計画に位置づける、早い段階で意義と実施方法について理解させる、履修学年によっては中学校の題材から課題を見つけさせるということが盛り込まれたので、巻頭や口絵からホームプロジェクトの説明に入り、巻末にも4～6ペー

ジを割いているものがほとんどでした。また教科書によっては、章末ごとに行った内容を誘導しながらホームプロジェクトの題材を掲載、または、課題例を指示しているものもありました。学習指導要領 第3節 家庭科の目標(3)にある「自分や家庭、地域の生活を主体的に創造しようとする実践的な態度を養う」に逸脱しているのではないでしょうか。

テーマ例の傾向としては、乳幼児や高齢者とかかわることが多く、乳幼児や高齢者を学校に招こう、介護を体験しよう、というものが複数ありました。高齢者の介助のしかたを、詳細な説明と写真を載せているものもあります。こうした実践例は、問題の解決を主として人間関係に求めている点で、体験的道徳教育と捉えられそうです。2018年の学習指導要領が「地域社会に参画しよう」「共に支え合う社会の一員として」「家庭や地域の生活を創造する資質・能力を育てる」（傍点筆者）など、特定の道徳規範を押しつけることで、高校生を地域の奉仕活動の担い手として活用し、それを反映した教科書になっているように思えます。

（2）画一化する学習方法

ホームプロジェクトは See（問題発見）→ Plan（計画）→ Do（実施）→ A（反省・評価）の流れで課題解決する学習方法です。2018年の学習指導要領ではPDCAの語句は使用していませんが、ホームプロジェクトの学習方法として示してきたのは、Plan（計画）→ Do（実施）→ C（検査、評価）→ A（評価結果に対応した改善策）そのものです。

学習指導要領ではこの方法の循環図に、活字のポイントを落とし、「＊上記に示す学習過程は例示であり、上例に限定されるものではないこと」を、初めて記述しました。

PDCAは第二次世界大戦後にウィリアム・エドワーズ・デミング、ウォルター・シューハートによって工場の製造工程の改善手法として提案されました。つまりモノの管理です。ヒトの、ヒトとヒトとの複雑な感情が行き交う家庭や社会の問題に相応しいでしょうか。画一化した学習方法で、しかも問題の発見範囲は家庭内、地域と決められていて、生徒が本当に知りたいこ

表6　家庭クラブ連盟発行の『GUIDE & WORKBOOK』よりテーマ例

家族と家庭生活	●母を助けよう ●目覚め・寝起きの改善プロジェクト ●家族の時間を作ろう	経済と消費生活	●フェアトレードを生活に取り入れてみよう ●パソコンを使ったこづかい帳 ●節水「システム」の確立
食生活	●夏野菜を使った夏ばて防止料理 ●お父さんのためのおからダイエット ●減塩料理で高血圧を治そう	子どもや高齢者の生活	●子どもが喜ぶキャラ弁作り ●おばあちゃんの暮らしを支えよう ●高齢者でも快適に生活できる環境づくり
衣生活	●汚れを落としたい～落としにくいシミを落とすには～ ●効果的な室内干しを目指して ●衣服のリメイク～素材を活かした生まれ変わり術～	環　境	●家族で挑戦～冷蔵庫の無駄をなくす～ ●夏を涼しく、地球と環境に優しく過ごす方法 ●生ゴミを堆肥へ～ゴミの削減から環境について考える
住生活	●風呂の掃除～汚れの性質を知る～ ●家の綺麗は玄関から ●防音のススメ～今日からできる防音術～	防　災	●通学マップ～妹たちの安全のために～ ●我が家の防災タイムライン ●地震対策～意識で変わる僕らの未来～

と、調べたいことが学べるのでしょうか（表6参照）。

　例えばこのなかの「お父さんのためのおからダイエット」は、PDCAは可能だと思います。しかし、国産大豆のおからとなると食料自給率が低く、遺伝子組み換え食品に世界でもっとも頼っている日本にとって、また味つけも醤油であればこれも遺伝子組み換え食品がかかわり、大量生産した食品を低廉で利潤追求する企業と世界的グローバルな農業経営企業がバックにいる限りP・DもCも検討は困難となります。そもそも計画とは現状の打開策としてあるのですから、解決を見いだしやすいテーマになりがちで、指導する側も個性のない授業が生み出される可能性があります。

（3）PDCAを控えるべき領域もある
　家庭内の課題、地域と関連した課題は前記のテーマ例のようなものでしょうか。というのは、我が国の子どもの7人に1人が貧困な状況にあり、先進

国のなかでは最悪のレベルだということ、新型コロナ騒動で経済格差が顕わになり、一日のうち、給食で栄養を取っていた子どもたちに食べさせるものがないという事件もありました。離婚や女性の自死の増加、辛いことですが児童・生徒の自死もありました。家庭に居場所がなかったということではないでしょうか。

また近年社会問題となっているヤングケアラー（中学生の 17 人に 1 人、小学生の 15 人に 1 人が自分の家族の世話や家事労働を担う等を行っているという事実）、この調査においては、調査をきっかけにその児童・生徒が支援の対象であると気づく負の感情から、正直に答えないこともあるなど、家庭のことは内在化され、見えにくくなっており、表現したくないこともあるでしょう。家族や家庭を見つめさせ、課題を考えることこそ、生徒にとっては酷なことであると思えるのです。

ホームプロジェクトはその課題（See）を克服させるための計画（Plan）を立てる、高校生の力だけでは解決できないことのほうが多いと思えますが、その計画で実施（Do）し、反省や評価（See）をして、友人の前で発表をするという一連の授業計画です。家庭のなかで、いわば「自助」「互助」で解決できず、行政の力を借りて解決しなければならないことも多いと思えます。

どの家庭もみな「家族の問題」を抱えています。生徒自身が楽しめない授業は行いたくありません。ホームプロジェクトの課題解決学習は小学校、中学校にも目標が掲げられ学習指導要領に参考例が載っています。

上記の写真は全国家庭クラブ連盟が（B5 判、16 ページ、頒布価格 230 円）編集したガイドブックです。表紙のオブジェは家族を意味するのかビスケットに表情が書かれています。子どもは家庭を選んで生まれてくることはできません。すべての生徒が笑顔の家庭ばかりとも思えず違和感を覚えます。

3　ホームプロジェクトの転換を

　高校生が乳幼児と触れ合うことで、将来子どもを産み育てたくなるだろうと 2000 年に画策された「保育体験実習」は、関東圏ではすでに破綻したと聞いています。社会保障制度や性別役割分担を払拭しない限り、短時間に幼児と触れ合っても、そのような意識は生まれません。高校生はもっと賢いです。あるいは、高齢者の介護へと置き換えている学校もあります。後者は狙いの一つと思えます。徳目を家庭内に入れこみ、女性や高校生をケア労働として活用しようとしているのかもしれません。

　教育実践レベルにおける画一化に国家的なレベルで影響が大きいものが学習指導要領と教科書（子安 2021）だと思います。すでに義務教育課程においては、2015 年に学習指導要領の一部を改定して、道徳科を移行措置として学習し、2017 年には完全実施となりました。枠にはめた考え方や、統制の跡を感じます。

　生徒には知りたいことや調べたい課題を見つけ、時に結論が出なくても、自由な発想で体験学習を、そして指導者には、画一化する授業から自律した教材づくりを行ってほしいと思います。

　一方で女性が育児、介護に追いやられ、ストレスフルの現実をどう変えていくかもホームプロジェクトで取り上げないと、道徳教育という批判は免れないと思います。

引用文献

朴木佳緒留　鈴木敏子共編（1990）『資料からみる　戦後家庭科のあゆみ―これからの家庭科を考えるために』学術図書出版社、107

伊波富久美（1988）『我が国における家庭科ホームプロジェクトの変遷』長崎大学教育学部教科教育学研究報告（第12号）83-91

子安潤（2021）『画一化する授業からの自律―スタンダード化・ICT化を超えて』学文社、11-12

全国高等学校家庭クラブ連盟（2018）『FHJ GUIDE & WORKBOOK』一般財団法人　家庭クラブ、3

参考文献

青池美紀（2006）『高等学校家庭科における専門教育の教育課程の変遷（第1報）：戦後発足期から昭和31（1956）年度教育課程改訂まで』浅井学園大学短期大学部研究紀要（第44号）23-38

齊藤弘子（2007）『家庭科研究』2月号　NPO法人家庭科教育研究者連盟、芽生え社、4-9

柴静子（2005）『占領下の日本における家庭科教育の成立と展開（ⅩⅨ）―高等学校家庭科教育政策の評価』（その1）広島大学大学院教育学部研究科紀要（第二部第54号）337-346

鶴田敦子（2021）『家庭科研究』No.361　NPO法人家庭科教育研究者連盟、子どもの未来社、39-45

全国高等学校家庭科クラブ連盟60年記念事業記念誌編集委員会（2012）『60年のあゆみ』全国高等学校家庭科クラブ連盟、27-31

全国家庭クラブ連盟HP

「家庭クラブ連盟の紹介」全国高等学校家庭クラブ連盟　FHJ（kateikurabu-renmei.jp）https://kateikurabu-renmei.jp/fhj_top/

2　学校家庭クラブ活動の今後を考える

石垣　和恵

1　学校家庭クラブ活動の学習指導要領における位置づけ

(1)　現行学習指導要領（2018）にみる学校家庭クラブ活動

　学習指導要領のこれまでの記述を見ると、指導上の留意点として扱われていた「ホームプロジェクト・学校家庭クラブ活動」は、1978年告示以降、学習項目として扱われるようになりました。2018年告示の現行学習指導要領では内容　ホームプロジェクトと学校家庭クラブ活動として確立、「①年間指導計画への位置づけ　②家庭科の授業の早い段階において、学校家庭クラブ活動の意義と実践することを奨励、その際、ホームプロジェクトを発展させ学校生活や地域の生活を充実向上させる意義を十分理解できるよう指導する　③ホームルーム活動、生徒会活動、学校行事、総合的な探究の時間など学校全体の教育活動との関連を図る　④ボランティア活動については地域の社会福祉協議会などとの連携を図るように工夫する」と記述しています。

　また、学習指導要領のなかに学校家庭クラブ活動の取り扱いが明記されたのは1960年改訂からです。1978年改訂では、学校家庭クラブ活動およびホームプロジェクトが「家庭一般」の内容項目として扱われることになりました。

(2)　普通教科で組織的な学校家庭クラブ活動は可能か

　学習指導要領では共通教科「家庭」の必履修科目「家庭基礎」「家庭総合」に学校家庭クラブ活動が位置づけられています。普通科等で専門科目を履修していない高校生が、組織的に研究活動することは可能でしょうか。農業クラブのように、職業に関する学科で専門教科を学習する高校生が、学習成果

をさらに高めるために組織的に研究活動を推進することは意義があります
が、家庭科は共通教科と専門教科とがあり、学校家庭クラブ活動が共通教科
に位置づけられていることは大いに問題であると考えます。

　仮に家庭科を学習する生徒全員を学校家庭クラブ員として組織する場合、
ないし2年生全員による学校家庭クラブ活動は、生徒会に次ぐ大きな組織で
す。この生徒組織運営の指導は、家庭科教師の疲弊感につながることが危惧
されます。

　とくに、全国的に「家庭基礎」（2単位）の履修が8割を占めるなか、生
徒数の減少に伴って学級減も進み、家庭科教諭1人体制の学校が多くなって
いますので、教諭1名で組織的な指導を行うことには無理があります。

2　全国家庭クラブ連盟の成立・変遷と課題

　ここで、学校家庭クラブ活動がどのように成立し、進展してきたか、その
概略とその課題をおさえておきましょう。

（1）全国連盟の成立・変遷

　全国高等学校家庭クラブ連盟は、『70年のあゆみ』（2022）によれば1948
年CIE教育指導官D.S.ルイスから「一般家庭」の設置とホームプロジェ
クトと学校家庭クラブ活動を推進するように指導が行われました。1949～
1952年にかけて県連盟が組織されはじめ、1953年には全国高等学校家庭ク
ラブ連盟（以下、全国連盟）が結成されていて、急速な組織化が進められま
した。学校家庭クラブの組織化によって、生徒の研究発表の場が県大会、全
国大会まで参加する機会が得られ保証されたことを評価する意見もありま
す。

　全国連盟の2021年度までの加盟校数（図1）をみると、1967年度の1898
校をピークに減少し、2021年度は1355校になりました。また、加盟者数
（図2）は、ピークの1996年度の49万人から2021年度には22万人へ、生
徒数に占める加入率は10.8％から7.4％へと減少しています。1989年学習指

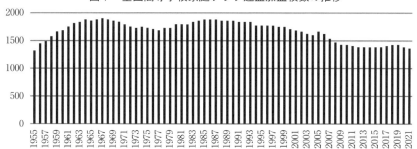

図1　全国高等学校家庭クラブ連盟加盟校数の推移

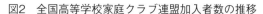

図2　全国高等学校家庭クラブ連盟加入者数の推移

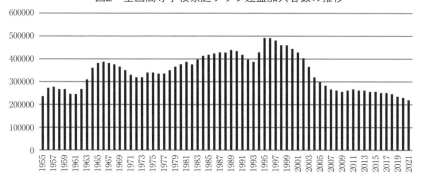

表1　全国高等学校家庭クラブ連盟への加盟校割合別都道府県数（2021年度）

割　合（％）	0~10	11~20	21~30	31~40	41~50	51~60	61~70	71~80	81~90	91~100
都道府県数	8	8	5	4	4	5	8	1	2	2

導要領改訂で高校家庭科男女共修が確立した直後は男子を含めて加入した高
校もあり増加しましたが、その後徐々に減少しました。都道府県数別に全国
連盟への加盟率をみると、2021年度の平均加盟率は27.9％です。徳島県の
9割をトップに四国4県は6割を超える一方で、長野県、静岡県、京都府の
3府県は0です。都道府県によって状況は多様であることがわかります。

　全国連盟結成50周年記念誌（2002）のなかで、加盟校数・会員数の推移
について、宮城県から「時代の流れの中で、教育目標も価値観も大きく変わっ

てきた。家庭科教員の定数、活動時間・活動予算など、その抱える問題が重くのしかかり、家庭科教員の情熱だけでは支えることができなくなって加盟校が減り始めた。」と述べられています。現代の高校家庭科教育の教育目標は、戦後まもなくの女性の高校進学率が低かった当時とは異なって当然です。活動内容、組織も同様に変化が必要でしょう。

　県連盟ならびに全国連盟への加盟は任意であり、学習指導要領に定められたものではないにもかかわらず、全国連盟への加入が教育委員会から推奨されている自治体もあり、学校家庭クラブ活動の組織化が進められていることには懸念を覚えます。

（2）全国連盟におけるホームプロジェクトと学校家庭クラブ活動の発表と評価

　ホームプロジェクト（第Ⅱ部1参照）と学校家庭クラブ活動による問題解決学習は教科の独自性に基づいた教育方法であり、一面では探究的な学習方法が重視される現代の教育方法に先がけたものであったといえます。

　しかし、全国連盟の全国大会受賞作品の研究報告をみると、研究計画が具体的に述べられたものは少なく、実践重視の報告であることがわかります。また、全国連盟での発表方法は、質疑応答や生徒同士の学び合いがある探究的学習の発表方法とはまったく異なっています。全国連盟の研究発表評価規定によると、評価の観点は5項目あり、その一つである発表のしかたに関する評価基準は、「発表内容と方法が適切であったか」として、「研究内容を的確にとらえて発表できたか。資料の活用や表現方法が適切であったか。発表態度が良かったか。」で評価されています。発表態度として、礼儀正しいお辞儀などの発表内容以外の部分が一定割合で評価されることは、研究活動の評価としてあまり適切とはいえません。

　近年、普及した探究活動の発表のように、発表者である高校生同士が、質疑応答して研究を深められる場となることを期待しています。

3　教科書（家庭基礎）分析の結果からわかること

（1）ホームプロジェクトと学校家庭クラブ活動を巻頭から取り上げる

　目立つ変化は、巻頭（口絵）から学校家庭クラブ活動とホームプロジェクトが掲載されているものが 10 冊中 4 冊あることです。章末ごとに研究テーマを検討させるチャート課題または実践例が掲載されているものがあり、生徒に注目させようとする意図が強く感じられる編成です。

（2）全国家庭クラブ連盟全国大会受賞作品掲載の是非

　全国連盟の全国大会受賞作が実践例として掲載されていて、活動の目標として示されると、まるで全国連盟への加入が必須であるかのように感じられます。実際には加盟校数は減少し、県連盟・全国連盟で研究発表を行っている学校は多くありませんから、現実から乖離しています。しかし、経験年数の少ない教員は、教科書に掲載されていることで指導目標を高く持たざるを得なくなり、苦しい思いをするのではないかと危惧します。教科書に全国連盟について記載する場合は、加盟が任意であることを明記すべきです。

　また、研究発表例を「受賞作品」と表記しています。研究発表を「受賞作品」と表現することには違和感を覚えます。ホームプロジェクト、学校家庭クラブ活動の研究の実態が、研究活動とは異なる実態を示しているように思います。

（3）学校家庭クラブ活動の実践例は高齢者支援と地場産業活性化に貢献

　教科書掲載のテーマ例は多様なものが見られましたが、全国連盟の全国大会受賞作品を例示しているものは、高齢者支援と地場産業活性化に貢献している例が目立ちます。

　全国連盟全国大会受賞作品テーマ（2003 〜 2021 年度）を分類し、表 2 に示しました。学校家庭クラブ活動のテーマは、食生活が 36.3%、防災 12.1% に衣生活、環境が続きました。しかし、教科書掲載例は前述のような偏りが

表2 全国高等学校家庭クラブ連盟全国大会受賞作品のテーマ（2003～2021年度）

	家族	高齢	保育	共生	食	衣	環境	防災	分類不可
ホームプロジェクト	4	14	5	0	26	1	0	2	14
学校家庭クラブ活動	0	2	3	1	24	5	5	8	18
計	4	16	8	1	50	6	5	10	32

（注） 全国高等学校家庭クラブ連盟結成50周年記念誌『60周年のあゆみ』『70周年のあゆみ』から筆者が分類した。

みられました。高齢者支援と地場産業活性化が教科書に実践例として取り上げられやすいのはなぜでしょう。高校生が地域の一員として高齢者支援に協力することを美談にする傾向は注視する必要があります。一方で地場産業活性化関連のテーマが多いことは、専門学科で学校家庭クラブ活動が盛んに行われていることを示し、学校家庭クラブ活動が農業クラブ活動のように、専門学科の学習を応用発展させる学習の場としての可能性・意義を示唆するものと考えます。

4 学校家庭クラブ活動の現状と課題

（1） 全国連盟の学校家庭クラブ活動　4つの基本精神は家庭科の学習といえるのか

　学校家庭クラブ活動は、学習指導要領では「学校や地域の生活の中から課題を見いだし、課題解決を目指して、グループで主体的に計画を立てて実践する問題解決的な学習活動」と定義され、「問題解決能力と実践的態度の育成はもとより、ボランティア活動などの社会参画や勤労への意欲を高めることができる」とされています。

　これに対して、全国連盟では「学校家庭クラブ活動の4つの基本精神」（表3）として「創造」「勤労」「愛情」「奉仕」をあげています。図3は全国連盟の新旧のシンボルマークです。新シンボルマークの中心には学校家庭クラブ活動を表すFHJを意匠として、周りを囲むのは四つ葉のクローバーで基本精神の「創造・勤労・愛情・奉仕」を表し、ロゴマークの赤は愛情をイメー

表3　全国高等学校家庭クラブ連盟活動の4つの基本精神

「創造」常に新しいものを創造し飛躍しようとする意欲をもつこと
「勤労」労を惜しまず、体を動かして実践すること
「愛情」優しくあたたかい気持ちをもってものごとにあたること
「奉仕」他人への思いやりの心をもって尽くすこと

図3　家庭クラブのシンボルマーク

・1952年制定したシンボルマーク
「慈愛に満ちた父母の間には良い子どもが育つ」という温かい家族関係、幸福な家庭生活をあらわしている。（50周年記念誌）

・2002年改定したシンボルマーク
　ＦＨＪの周りを囲む四つ葉のクローバーは、全国高等学校家庭クラブ連盟の四つの精神「創造・勤労・愛情・奉仕」を表している。ロゴマークの赤は愛情を、四つ葉の緑は自然と環境を表している。「人と人とのふれあいを大切にし、自然と共に生きる」活動への思いが込められている。

ジしているそうです。『広辞苑』によると、「奉仕」は①つつしんでつかえること。②献身的に国家・社会のためにつくすこと。とあり、滅私奉公や徳目的な感じは拭えません。学習指導要領に位置づけられた学習項目の学校家庭クラブ活動に対して、道徳の徳目のような基本精神が掲げられることについては、違和感を覚えます。さらに「慈愛に満ちた父母の間には良い子どもが育つ」ことをイメージしていた旧シンボルマークは、現代の高校生が学ぶ多様な家族を尊重する家庭科の教科の学習内容から遠くかけ離れていて、これが2002年まで掲げられていたことは驚きです。

　現行学習指導要領では、学校家庭クラブ活動には、「愛情」と「奉仕」の文言はありません。全国連盟に加盟し、連盟が掲げる4つの基本精神「創造」「勤労」「愛情」「奉仕」に基づいて活動するのであれば、安上がり福祉の担

い手としての市民の育成をめざしているように思えてなりません。

（2）家庭科学習成果の新しい発表の場をつくる

『60周年のあゆみ』から家庭クラブの沿革をみると、1999年に静岡県家庭クラブ連盟脱退、2000年に長野県家庭クラブ連盟脱退が続きます。家庭クラブ県連をもたなかった京都府を含めて、全国連盟に加盟していないのは3府県です。

　静岡県では全国連盟を脱会後、生徒研究発表会は教員で組織する県高等学校教育研究会家庭科部会に引き継がれて、毎年県内3ブロックに分かれて開催され、環境問題や人としての生き方にかかわる問題等、幅広く生活を捉えた内容の発表がなされているそうです。全国連盟へ加盟しなくても、家庭科学習の生徒発表の機会を設けることができている一例として参考にしたいものです。

5　これからの学校家庭クラブ活動
──家庭基礎履修校と職業学科での活動を分けて考える

　最後に学校家庭クラブ活動を、（1）家庭基礎（2単位）履修校と（2）家庭に関する専門科目（フードデザイン、ファッションデザイン、生活と福祉、保育基礎など）を履修する職業学科での活動とを分けて提案します。

（1）家庭基礎（2単位）履修校の家庭クラブ活動

学習指導要領（「家庭基礎」）から読み取れる要点は以下の4点です。
①実際に自己の家庭生活や地域の生活のなかで実践できるようにする。
②活動の実施形態は、ホームルーム単位または家庭科の講座単位、さらに学校全体のいずれかである。
③課題は学校や地域の生活のなかから見いだす。
④グループで主体的に計画を立てて実践する。
前述のように、全国連盟による学校家庭クラブ活動研究発表例等を参考に

すると、「学校全体で行う研究等の活動」と解釈されがちですが、学習指導要領では「授業の学習項目としての活動」とあるので、ホームルームや講座など「授業単位の活動」でもよいのです。つまり、授業内で学校や地域の生活課題を取り上げて探究することが、学校家庭クラブ活動です。学級全体でテーマを決めて研究すること、または学級内のグループ単位での活動を行うことが学校家庭クラブ活動の基本です。学習指導要領では、学校全体の組織的活動が学校家庭クラブ活動であるとは規定していないのです。

　では、実際にホームルーム単位での活動のしかたを考えてみましょう。

①領域ごとの学習のまとめとして、生徒が個人やグループでホームプロジェクト実施（第Ⅱ部1参照）。

②ホームプロジェクトの学級内発表・校内発表・地域発表（発表方法例：全体発表、グループ内発表、紙面報告など）。

③同じ課題の人とグループを編成し、他の学級や地域の人たちへの調査等を行い、地域の課題解決へ発展。

という学習の流れが可能です。

　学校家庭クラブ活動とは、「学習した内容が社会参画につながることを実感させる」ことをねらいとしています。これらの課題に取り組むことで、課題解決能力と実践的態度の育成はもとより、社会参画の意欲を高めることができます。

　全国連盟の学校家庭クラブ活動研究発表の審査基準には、学校ごとの継続的な研究活動をプラスに評価する項目が設けられています。「家庭基礎」（2単位）履修の多くの学校では、授業外の研究活動を行う時間を設定することは難しく、全国連盟での活動を標準的な活動とすることは無理があります。授業内での学習指導で、社会参画意欲を高める指導を行うことが現実的でしょう。

（2）職業に関する学科等家庭科の専門科目を履修する学校での家庭クラブ活動

　一方で、家庭科の専門科目を多く履修できる専門学科等における学校家庭

クラブ活動では、すでに多くの学校が地域産業活性化や地域課題解決をテーマとした継続研究・活動を実践しています。近年、家庭科に関連する専門学科を設置する学校は多くはありませんが、専門科目を多数履修できる学校でその専門性を生かした学習ができることは意義があることです。

引用文献

全国高等学校家庭クラブ連盟50周年記念誌委員会（2002）『全国高等学校家庭クラブ連盟結成50周年記念誌』全国高等学校家庭クラブ連盟
全国高等学校家庭クラブ連盟60周年記念誌編集委員会（2012）「全国高等学校家庭クラブ連盟60周年記念誌『60年のあゆみFHJ』」全国高等学校家庭クラブ連盟

参考文献

高等学校学習指導要領（平成30年告示）解説　家庭編、文部科学省
40周年記念誌編集委員会（1992）全国高等学校家庭クラブ連盟結成40周年記念誌『40周年のあゆみ』全国高等学校家庭クラブ連盟
新福祐子（1982）「教育方法論としての家庭クラブ」日本家庭科教育学会誌、25（1）、97-103
藤原容子・永田智子（2013）家庭科教育の充実に向けた学校家庭クラブ活動の在り方：―学校家庭クラブ活動の現状と課題―、日本家庭科教育学会大会・例会・セミナー研究発表要旨集56、19
渡瀬典子（2002）学校家庭クラブ活動における「奉仕的活動」の変遷1　日本家庭科教育学会誌　45（3）、255-263
全国高等学校家庭クラブ連盟70周年記念事業委員会（2022）「全国高等学校家庭クラブ連盟70周年記念誌『70周年のあゆみ』」全国高等学校家庭クラブ連盟

3 家族・家庭の意義、社会とのかかわりと学習の進め方

中村　洋子

1 学習指導要領での「家族」の取り上げ方

(1) 2010年の高等学校学習指導要領（「家庭基礎」）

第1章第2節　教科の目標には、以下のように記述されています。

> 人間の生涯にわたる発達と生活の営みを総合的にとらえ、**家族・家庭の意義、家族・家庭と社会とのかかわりについて理解させる**とともに、生活に必要な知識と技術を習得させ、男女が協力して主体的……（以下省略）　　　　　　　　　　　　　　　　　　　　（下線筆者）

解説では、上記の下線の部分について、「生命を育んだり、生活をしたりする基盤としての家族・家庭の意義を理解させるとともに、家族・家庭が社会とのかかわりの中で機能していることについて理解させることを示している」と記述しています。

(2) 2018年の高等学校学習指導要領（「家庭基礎」）

第1章第3節　家庭科の目標には以下のように記述されています。

> **生活の営みに係る見方・考え方を働かせ、実践的・体験的な学習活動を通して、様々な人々と協働し、**よりよい社会の構築に向けて、<u>男女が協力して主体的に家庭や地域の生活を創造する</u>資質・能力を次のとおり育成することを目指す。　　　　　　　　　　　　　　（下線筆者）

解説には、この目標には3つの項目で説明されており、(1) の内容は、第1項目に位置づいています。

　3項目の上位にあるこの目標には、「実践的・体験的」、「協働」、「男女が協力」、「生活の営みに係る見方・考え方」（これについてはここでは取り上げないことにする）が新たに付け加わったことがわかります。

2　教科書の記述の検討

家族・家庭の意義について

　「家族」について、「家族とは何か」「一生の間に属す家族」「家族・家庭の働き」の3項目の記述を抜き出し比較検討しました。

（1）「家族とは」

　表1が示すように、A 婚姻と血縁によって結ばれた集団、B 自分たちが家族と認識し合う集団、そして C その両方を家族の実態として示す集団と3つのグループに分けられました。Aの婚姻、血縁によって結ばれた集団では、従来の家族の通念に基づく、夫婦、親子、きょうだいなどの血縁者を主な構成員であると示しています。Bの自分たちが家族と認識し合う集団は、家族の範囲を個人の認識に任すほか、ある感情で結ばれているなど、個人の認識や感情に目を向けて記述しています。Cは、AとBの双方を、通念というより家族の実態に目を向けている記述といえます。

　以上から教科書の記述は、従来の婚姻・血縁という通念を主とした記述の教科書が4冊、個人の認識や意識など、個人の考えや思いに目を向けた記述が2冊、婚姻・血縁に触れつつも個人の家族の認識に目を向けた記述が4冊、となります。つまり、これまでの家族の通念にこだわらず、家族は、個人がどのように考えるかは個人の考えに任せる方向にあるといえます。

　婚姻・血縁によって結ばれた集団では、出生・婚姻届により戸籍がつくられ、それによって家族員が家族と認識するといえます。そのことにより、「自分とかかわりの深い人々」「共同生活の単位となる集団」「つながりのある集団」などの記述につながっています。

　一方、Bの自分たちが家族と認識し合う集団では、家族の範囲を個人の認

表1 「家族とは何か」の記述内容例

グループ	「家族とは何か」の記述内容例他
A	父・母、祖父・祖母、きょうだい、夫・妻など、**結婚や血縁**によってつながり、自分とかかわりの深い人々を家族と考えている。
	「**夫婦とその血縁関係**を中心に構成され、共同生活の単位となる集団」と定義されている。
	夫婦を中心として、親子やきょうだいなど近親者を主な構成員としている。
B	「私たちは家族」と**認識しあい**、長期的な関係のなかで生活を支え合っている人たちのこと。
	家族という言葉は何らかの感情が伴う。
C	家族には明確な定義はないため人によって**イメージする構成や範囲は多様**である。一般的には婚姻や血縁による結びつきがあり、かかわり深い人々の集団をイメージすることが多い。
	「家族とは何か」について何をもって家族と考えるかによって多様である。
	一般に、結婚や血縁などのつながりのある人々やその集団と**考えられることが多い**。しかし、**家族とみなす範囲は個人によって異なり**、一緒に暮らしていても、それぞれ自分が家族だと思う人は異なる場合もある。（参考）　　　　　　　　　　　　　　　　　　　　　　（太字は筆者）

識に任せ、結婚や出生にこだわらず、多様な家族のあり方として認める方向で社会の動向に即した記述と考えます。あえて法律（戸籍）には結びつけず、むしろ「生計を共にする人たち」を重んじる説明となっています。例えば、「『私たちは家族』と認識し合い」「長期的な関係の中で」と示し非親族同士、同性カップル、施設での暮らしなど、家族と称して暮らす多様な家族の存在を明らかにし、家族の範囲を個人の自由な考えで設定できるものだと示唆しています。またＣは、「家族には明確な定義はない」としたうえで、「人によってイメージする構成や範囲は多様である」「何をもって家族と考えるかによって多様」「家族とみなす範囲は個人によって異なり……それぞれ自分が家族だと思う人は異なる場合もある」と記述されていました。総じて見ると家族の定義をなるべくしない方向にシフトする動きがあることを示唆していると読み取れました。

（2）　一生の間に属する家族に関する記述

多くの人は、一生の間に属する家族は、一般に「出生家族」「創設家族」の２区分で語られます。2018 年の学習指導要領「家庭基礎」にはこの用語はなく、この用語について記述をする・しない、およびその説明も各教科書会社の編集の考えによっていることになります。

教科書の取り上げ方をみると、Ａ：記述のない教科書、Ｂ：二つの家族の用語を簡単に記述している教科書、Ｃ：出生家族（生育家族という記述もある）・創設家族のそれぞれの機能や留意事項などを記述している教科書、この三つに分類でき、Ａは１冊、Ｂは５冊、Ｃは４冊ありました。（表２）

表２から、ＡＢが合わせて６冊、Ｃが４冊となります。その内容においては、Ｂはもう少し説明があってもよいのではないか、またＣは、具体的な説明がなされているが、その内容には以下のような受け止め方があります。

Ｃの出生家族では「どのようなパートナーを選ぶのか、いつ結婚するのかなどを自らの意思で決定する」など、創設家族をつくる前提で、家族のつくり方・パートナー相互のあり方まで記しています。このような通念のみを記すのは、結果として一つの価値を支持しているように受け止めることになります。

18 歳成年として未来を拓く高校生に向けて記述するのであれば、「家族をつくる・つくらない、子どもをつくる・つくらないも含めて、どういう家族にしたいか、みなさんで考えていきましょう」という記述になるのではないかと思います。

出生家族や創設家族を記述しない、あるいはごく簡単な記述にとどめている教科書が６冊もあるのは、同性のパートナーの選択を認める世界の動向や国内の条例など、多様な家族の存在が現実に進行しているなかで、通念の家族を記述することを控えたいという配慮があったのではないかと思います。

（3）　「家族・家庭の機能」について

「家族・家庭の働き」の記述はＡ：「情緒的安定」を主とする記述。Ｂ：「個人および社会に対する機能」と分類しての記述　Ｃ：「家庭内だけでは機能

を果たせない」の３つに分かれました。

表2　出生家族・創設家族に関する記述例

	出生家族	創設家族	冊数
A 記述がない			1
B 二つの家族の用語を簡単に記述	自分が生まれた家族。	自分が結婚して新たにつくる家族。	5
	生まれた家族。	つくる家族。	
	子どもが生まれ育つ家族という意味。位置、姿勢などを定めるという意味から定位家族という。	生殖家族。つくる家族ともいう。	
	人にはそれぞれ、生まれ育った家族がある。	大人になると、生まれ育った家族から自立し、パートナーをみつけ、自分の意思と責任で新しい家族を創ることができる。	
C 各々の家族の機能や留意事項など記述	ここでは生育家族という用語として以下を記述している。子どもは親の子どもとして……生まれ育てられ成長していく。子どもにとって親子、兄弟姉妹、祖父母は重要である。	親の家から離れ自分の意思で人生を選択。パートナーと共に……夫婦は、家族をつくる大切なパートナーである。	4
	自分の意思では選択できないが、そこで基本的な生活習慣を身につけ人間としての基礎が築かれる。	家庭をどのように運営……子どもを……何人産むかなど、家族に生じるさまざまな課題……、パートナーと共に築き上げていく家族である。	
	自分の意思では選択できないが、そこで基本的な生活習慣を身につけ人間としての基礎が築かれる。	どのようなパートナーを選ぶのか、いつ結婚するのかなどを自らの意思で決定する。……子どもの数……家族運営……をパートナーと……ある。	

表3　家族・家庭の働きの記述例

	家族・家庭の働きの記述例	冊数
A　情緒的安定	情緒的な機能、親密な関係での信頼と愛情は心身の疲れを癒してくれる幸福感を与える。子どもにとっては身の安全が保障され、心に安らぎを与えられながらの養育。	4
	①活動のエネルギーの再生産　②出生から死までの生涯の相互ケア　③安心して安らぐ。	
	家庭の機能の多くが社会化していくなかで子どもを産み育てる機能は家族が持つ基本的な機能として、家庭に最後まで残るとされている。現代の家庭の機能は、子どもの基本的な養育や家族の人々の愛情の充足、心理的な安定など精神的な機能が中心的になってきている。	
	精神的な安らぎを与える情緒的安定、子どもの教育と人格形成、衣食住などの生活活動、生活文化の伝承や創造、健康増進や病気の予防、応急処置など。	
B　個人および社会に対する機能	愛情を味わう、衣食住を満足させる、子どもを育てる、高齢者を介護するなど、個人に対する機能と、次世代を産み育て送り出す、労働によって社会を支える、ボランティア活動で地域を支えるなど社会に対する機能。家庭の機能の全部をお金で交換することはできない。人間性の安定と互いに支え合い人生を共にしようとするパートナーシップは残る。	3
	家族員個人に対する機能：家庭生活を営む場、家族の健康維持する、子を産み育てるなど、社会に対する機能：次世代を育成する、商品を購入、消費して経済を活性化させるなど。	
	家庭は家族一人ひとりに対してだけでなく、社会に対してもさまざまな機能や役割をもっている。家族のもつ主な機能：家庭生活を営む場など。社会に対する機能：次世代を育成するなど。	
C　家庭内だけでは機能を果たせない	生活に必要なモノをつくり、子どもを育て、高齢者や病気の介護をし、祖先を祀ることを通して生活文化を伝承してきたが、家庭のなかだけでは難しくなった。	3
	家族の機能については、家族内だけで、子どもや高齢者のケアを担うことは難しくなってきたとの記述がみられる。	

（下線および太字は筆者）

A　情緒的安定の記述について

　ここには「親密な関係での信頼と愛情は心身の疲れを癒してくれる幸福感」「安心して安らぐ」「家族の人々の愛情の充足、心理的な安定など精神的な機能が中心になってきている」「精神的な安らぎを与える情緒的な安定」など、

「子どもにとっては、身の安全が保障され、心に安らぎを与えられながらの養育」「生涯の相互ケア」などが愛情や信頼を背景にもった「世話する・される」関係行為として記しています。

　人が家族・家庭のなかで愛情を通して信頼を育むことは自然なことです。また、子育てや介護は、愛情や信頼を背景に身の安全が保障されていると感じるからこそ、身を委ねられると記していると考えられます。しかし、現在、社会的な影響（経済など）、この関係行為だけでは子育て、介護も達成しにくくなっていることも記す必要があるのではないかと考えます。

　ところで、ここで①「活動のエネルギーの再生産」②「出生から死までの生涯の相互ケア」そして③「安心して安らぐ」という記述について考えてみたいと思います。エネルギーの再生産はつくり出された実態です。またケアは、ケアを「世話する・世話をされる」情緒的関係と捉える考え方もありますが、ケアは世話する（世話をされる）という関係行為という実態です。このように捉えると、これは、実態を踏まえた貴重な記述といえます。

　以上ですが、全体としてここでの記述が一面的な情緒的関係を取り上げていることを指摘したいと思います。安心・安全・心理的な安定など、正の感情のみを取り上げ、実態としてある不安・苛立ち・憎しみなど、負の感情を取り上げておらず、家族の関係の両義性に触れていないのではないかと考えます。

B　個人および社会に対する機能について

　ここでは、個人に対する機能として、「家庭生活を営む場、家族の健康維持する、子を産み育てる」など、社会に対する機能として「次世代を育成する、商品を購入、消費して経済を活性化させる」などを取り上げています。例えば、子育てにおいて、個人に対する機能の見方は「子どもを産み育てる」こと、社会に対する機能の見方は「次世代を育てる」ことになり、家庭で行われていることは、社会へ貢献する事象であり、働きかけとなるといえます。

　ところで、気になる記述があります。「人間性の安定と互いに支え合い人生を共にしようとするパートナーシップは残る」という箇所です。

未来のことを、断定的に、しかも普遍的なことがらのように記述することは、適正でしょうか。少なくとも、出典の記述が必要だと思います。

C　家庭内だけでは機能を果たせないという記述について

「……家庭の中だけでは難しくなった」「家族内だけで、子どもや高齢者のケアを担うことは難しく……」等、ひとり家族を含む少人数家族に移行している現家族の実態があり、家庭だけでなく他の担い手が必要であることを強調していることが読みとれます。ケアする内容・人手に対して必要に応じて連動して社会的な支援システムにつながることが求められている、と示唆しているのではないかと思われます。

以上、「家族とは」は、家族の実態を指し示しながらも個人の認識を重要視する記述を増やし、また、（あえて家族とはこういうものであるとの）説明さえも省いたことによって、家族が、個人の負担にならずに自由な生き方ができるような配慮があらわれたこと、「家族・家庭機能」では、法律を基にした制度が私たちの暮らしや生き方を決める場合があること、社会の動向が働き方を変え、暮らしや家族構成に影響を与えること、現家族も社会の流動の渦中にあることを伝えたうえで、家族だけで家族員を支えられなくなった現状を伝えつつ、多様な家族にある生徒たちが、平等に、自由な生き方・暮らし方が考えられるようになっており、全教科書を俯瞰すれば現段階に適合していると思われますが、生徒には一社の記述だけなので，偏りが生じていると考えられます。

3　子どもたちの生活と家族の授業

高校生たちは、青年期にあり、自身の歩んできた家族を改めて考え捉え直す時期です。しかし、施設に暮らす高校生や虐待などに苦しむ高校生もいます。そのような困難にある高校生も含めて、新たな家族を創る（創設家族）視点に立って、自らを支える信頼のおける暮らしの場，つまりその家族・家庭をイメージし、それらをまっとうできる制度や社会の動向を、教室という

場でみんなで考え合えれば、生徒それぞれの大きな学びとなります。それは、自ら家族を創る力を養うことになるのではないかと思われます。

　以下は、家族のあり方を社会支援や社会制度のあり方を考える視点での授業案の例です。

授業提案　1

課　題：婚姻や出生届でつくられる戸籍とはどういうことか調べてみよう。
ねらい：戸籍について気づく（知る）。
発　展：いろいろな国にも日本の戸籍に当たるものはあるのか調べてみよう。

授業提案　2

「孫休暇」導入へ──宮城県、祖父母の職員に
宮城県の村井嘉浩知事は3日の記者会見で、孫が生まれた県職員が特別休暇を取得できるようにする考えを表明した。「孫休暇制度（仮称）」を早ければ、2023年1月に導入する。宮城県によると祖父母を対象とした育児休暇制度が導入されれば都道府県で初となる。（『日経』2022年10月4日）

課題
1．「孫休暇」導入への記事は育児休暇制度として、家族・家庭の何に対しての援助となるのか、具体的に話し合ってみましょう。
2．自身が暮らしやすくなる家族・家庭を支える社会のきまり（制度）を考えてみよう。

4　伝統的な生活文化？　継承・創造は当然か

鈴木　恵子

1　学習指導要領での扱いとその背景

　2018年2月14日、文部科学省は5つの項目からなる「高等学校学習指導要領の改訂（案）のポイント」を公表しました。

> 1．今回の改訂の基本的な考え方
> 2．知識の理解の質を高め資質・能力を育む「主体的・対話的深い学び」
> 3．各学校におけるカリキュラムマネジメントの確立
> 4．教科・科目構成の見直し
> 5．教育内容の主な改善事項

　上記5つ目の内容の1つに、「伝統や文化に関する教育の充実」を挙げ、「和食、和服および和室など、日本の伝統的な生活文化の継承・創造に関する内容の充実（家庭）」として、家庭科にもその充実を求めました（下線は筆者）。
　さらに、2018年7月に文部科学省から出された「高等学校学習指導要領解説　家庭編」の第1部第1章第2節2には、「生活の営みに係る見方・考え方」を次のように整理したとあります。

> 家族や家庭、衣食住、消費や環境などに係る生活事象を、協力・協働、健康・快適・安全、生活文化の継承・創造、持続可能な社会の構築等の視点で捉え、よりよい生活を営むため工夫すること。
> （下線は筆者）

　ここには、「伝統的な」という言葉はありませんが、学習指導要領（家庭基礎）の内容の取り扱いの（2）イに「……その際、日本の伝統的な和食、和服及び和室などを取り上げ……」との記述が出てきます。

　以上のような「伝統的な生活文化の継承・創造」が強調される背景には、2006年の教育基本法改定があります。この教育基本法では、前文で「伝統を継承し、新しい文化の創造を目指す教育を推進する」とし、新設された〈教育の目標〉の5番目に「伝統と文化を尊重し、それらをはぐくんできた我が国と郷土を愛する」とあります。

2　教科書はどう扱っているか

（1）全体の傾向

　高等学校で2022年度より使用されている教科書は、「家庭基礎」だけでも10冊あります。複数の教科書で「生活の営みに係る見方・考え方」の4つを「家庭科の営みに係る見方・考え方」として強調しています。

　なかでも「生活文化の継承と創造」については、前述の内容の取り扱いに「日本の伝統的な和食、和服及び和室などを取り上げ……」とあるためか、食・衣・住の各分野で具体的に取り扱う教科書が多くあります。それぞれの分野ごとに項目立てをして2ページ以上にわたって詳しく取り上げている教科書から、分野によっては簡単に触れているだけという教科書まで、扱い方はさまざまです。いずれも「伝統文化」の紹介と「受け継いでいこう」などの継承を促す記述がみられます。

（2）食・衣・住分野での扱い方の特徴

　扱い方の特徴を分野別にまとめると、表1のようになります。

表1

	特　徴
食生活分野	・ほとんどの教科書が和食のユネスコ無形文化遺産登録に触れている。 ・登録されている事実と登録の際の「和食」の特徴4点を挙げている教科書が多い。 ・登録された「和食」の特徴4点に関連づけて日本食、日本料理、伝統食、一汁三菜などの言葉を使用しながら「日本の食文化」を解説している。　　　　　　　　　　　　　　　（次ページに続く）

	特　徴
食生活分野	・登録をもって和食が世界で評価されていると紹介している教科書も複数ある。 ・食に関するユネスコの無形文化遺産登録は、「フランスの美食術」、「地中海料理」（7カ国による共同登録）、トルコの「ケシケキの伝統」、韓国の「キムジャン：キムチの製造と分配」など、他にもいくつかあるが、それらを紹介している教科書は限られている。
衣生活分野	・「和服」として紋付き袴、振袖などを写真入りで大きく紹介している教科書や浴衣の着付け方を男女別にイラスト入りで解説している教科書が多数ある（2単位の家庭基礎の教科書にしては多くのページを割いている）。 ・江戸時代「和服」は何度も作り変えて使用してきた衣服であり、昔の人の知恵を生活に生かしたい、後世に伝えたいなどの記述もある。 ・世界の民族衣装を紹介している教科書もある。
住生活分野	・半数の教科書が「和室」として「床の間」「鴨居」などの名称を記載した写真とともに、書院造の部屋を紹介している。 ・また、「和室の室礼」として季節ごとに鏡餅、お雛様を飾ること、床の間の掛け軸や花を替えることなどに触れながら、これらを取り入れ伝承していこうと促している教科書も複数ある。 ・住生活分野に関しては、気候風土とのかかわりから日本各地の住まい、世界の住まいを紹介したり、町家や古民家、あるいは生業による住まいの違いなどを取り上げている教科書が半数近くあり、食生活や衣生活に比べて扱い方は多様である。

3　「伝統的な生活文化」をどう捉えるか

（1）文化は多様

　教科書の大まかな特徴を見てわかることは、「日本の伝統的な生活文化」を、「和食、和服、和室」で語っていることです。日本とはどこを指すのか、伝統的な、とはどういうことか、それらを考える余地を与えないまま、良さを強調したり、「継承・創造」を促す記述が目立ちます。アイヌ文化、琉球文化を無視するかのように、「日本の伝統的な生活文化」などと語ってよいのでしょうか。

　天野正子（1938-2015）は著書『「生活者」とはだれか』のなかで、三木清（1897-1945）が論じた「生活文化」を次のように言い換えることができると

しています。「①生活の積極的な変革・改造から生まれるすべてのもの、②一部の特権的な人のみでなく、公共的なものとして人と人とを結ぶもの、③日常性それ自体の重視から創造されるもの──それが生活文化なのだと。」

このように、人々が営む日々の生活への積極的な働きかけのなかから生活文化が創造されていくとしたとき、「和室」「和服」といった言葉で日本の生活文化を均質なものとして、さらに伝統的などと捉えることに問題を感じずにはいられません。

北海道から沖縄、小さな島を含めてさまざまな生活文化が豊かに存在している、それぞれが個性的だからこそ文化である、文化とは多様である、そして変化するものである、という視点が必要ではないでしょうか。

（2）「和食」の無形文化遺産登録の意味

ほかにユネスコ無形文化遺産に登録されている日本の無形文化遺産は「能楽」「歌舞伎」をはじめ、「小千谷縮・越後上布」「アイヌの古式舞踊」など具体的です。「和紙；日本の手漉和紙技術」も構成要素として石州半紙、本美濃紙、細川紙が具体的に記載されています。ほかにもたくさんありますが、いずれも具体的な名称が挙げられているのです。ところが、「和食」には具体性がありません。「和食；日本人の伝統的な食文化」の登録申請にあたり、農水省が作成したユネスコへの提案書（表2）（18ページにおよぶ）の一部抜粋を次ページに示します。

これを読むと、「互助主義は仲間意識や友情を強める」「食材に感謝」「家族や地域の絆を強める」など、精神面で「和食」の意義を強調していることがわかります。「和食」がユネスコの無形文化遺産に登録されたことについて取り上げるならば、その背景や意図までを十分に吟味しながら扱う必要があります。

和食に限らず生活文化には、地域の産業、家族のあり方や人々の暮らし方なども大きく影響しており、伝統だという根拠もあいまいなまま、これが〝日本人の伝統的な生活文化〟と安易に紹介するのは避けなければいけません。

表2

無形文化遺産の代表的な一覧表への記載についての提案書

（農林水産省作成仮訳）

正式名称　和食：日本人の伝統的な食文化―正月を例として―

（ⅱ）誰が当該要素の担い手又は実践者であるか。

　要素の実践者は全ての日本人である。その担い手は以下のとおり。

1）家庭

　両親や祖父母が、当該要素を家庭で子孫に継承している。彼らは子どもたちに精神的、健康的側面やマナーを含む「和食」の基本的な知識を教える。例えば、新年を祝うため、家族が全員集まっておせちを共に食べる。おせちの料理にはそれぞれ健康面での長所や縁起のいい意味があり、年長者はそれを子供たちに教える。（以下、2）～5）略。）

（ⅳ）当該要素は、今日、コミュニティに対してどのような社会的、文化的機能や意義を有しているか。

　（略）

　社会的・文化的役割として、要素は老人や障がい者も含め家族や地域の絆を強めるものである。地域の協働による様々な行事での食事の準備や正月祝いにおける餅つきのような互助主義は仲間意識や友情を強める。食事の時間を共にし、自然の恵みである食材に感謝することで、家族や地域の絆を強めるのである。このようにして要素は「和食」の食材を生産する農業者間の仲間意識など社会形成資本の発展の基礎となっている。

（3）各地の生活文化を壊しているのは何か

　確かに日本各地の生活文化には、自然の理にかなっているもの、地域に根差しそこに生活する人々の知恵と工夫で育まれてきたものがたくさんあると思います。しかし、それらはなぜ「継承」と強調しなければならないほど、失われてきてしまったのでしょうか。

　日本の近代史を振り返ると、明治維新で大きく国が変わります。開国で西洋文化を取り入れることが、国の方針として進められました。また、1898（明治31）年には民法で「家」制度が敷かれます。第二次世界大戦を経て「家」制度は廃止されますが、のちに高度経済成長期と呼ばれるように、1950年代から時の政府は工業に力を入れる政策を推し進め、農山漁村部から若ものを引きはがすように都市へと呼び込んだのです。各地域の豊かな生活文化は

受け継ぐ者を失いました。「和食」として紹介されることの多いご飯とみそ汁も、洋食にとって代わられます。「食の欧米化」として、あたかも人々の嗜好が変わったかのようにいわれることも多いのですが、栄養改善と称して小麦粉や油の摂取を推奨したのは誰なのでしょう。

　学校給食ではパンを主食とし、もっと油を摂りましょうと「フライパン運動」なるものが展開されました。ここでは高校生の研究・実践活動も促されたのです（次ページ表3参照）。さらに、油で揚げたインスタント食品や油脂を多用したレトルト食品が工場で大量に「生産」され、消費者はそれを新時代の便利な食べ物として買わされました。地域で収穫される新鮮な食材を使った、各地で受け継がれてきた料理は廃れていくことになります。

4　家庭科の授業における生活文化

（1）生活文化に関する授業で気をつけたいこと

　家庭科で生活文化を取り上げるならば、日本各地にある（あった）多種多様な生活文化の一つや、一時代にあった一部階層の生活文化を脈絡なく均質なもののようにして「和室」「和服」などの言葉で捉え、その「良さ」だけを何となく紹介するといったことは避けたいです。一面的な「伝統」の紹介や安易な「継承」の強要では、かえって「豊かな文化」から遠ざかることになりかねません。歴史学、民俗学、建築学などそれぞれの学問を専門とする立場であっても、議論が分かれるという場合が少なからずあるということを自覚しておく必要があります。

　授業では、生活文化の変遷には社会的（あるいは意図的な）条件が影響しているのではないかなど、それらとの密接なかかわりをあぶり出すようなアプローチが重要ではないかと思います。そこから、現在の生活を見つめる視点が育つのではないでしょうか。

表3   栄養改善普及会による油脂に関する主な事業

年	事業テーマ	備考
1954	火なし料理発表会	「台所休業日」。缶詰料理の発表会
1955	1日主婦学校	全国油脂販売業者連合会において
1956	主婦リーダーが講習会	小学校PTAに子ども向き栄養教室、正月のお客教室、デパート食品売り場での「油料理の実演」など
1958	食用品の普及に街頭へ	デパートの食品売場で「奥さん講師」による宣伝
	明るい買物のゼミナール	油脂、パン・めん・小麦粉、マーガリン、強化食品など
1961	1日1度はマーガリン運動 1日1回フライパン運動のつどい フライパンの歌　レコード作成	「減らない米の消費対策の1つとして、米の一部を高カロリーの植物油で代替する方法として考案した」と解説あり
1962	フライパン料理の移動教室はじまる	九州、中国、四国、宮崎など26回
1963	フライパン運動発表大会にはじめて高校生参加 わが家のフライパン料理献立募集	このときの寸劇に「油と私」「油の効用」、合唱に「フライパンの歌」など解説あり
1964	高校生のフライパン運動（第2回）	その後も毎年継続開催
1965	健康部隊の店頭指導	前年結成したボランタリーな食生活改善活動。生協や農協の店頭で「もっと油をおいしく正しくとりましょう」など、店頭指導にのり出す
1967	高校生によるマーガリンプロモーション	「まだ人造バターのイメージが払拭されないので」との注意書き
1968	高校生によるマーガリンに親しむ運動（第2回）	その後も毎年継続開催
1969	「ねだんしらべ」活動とりわけ活発	ほとんどの食品が値上がりするなか、「油はマーガリン、バター、サラダ油、天ぷら油ともに値上がりせず、ついに天ぷら油は下がり気味との情報に沸き立つ」と解説あり
1970	米国大豆協会より「大豆プリンセス」来日	
1975	牛乳の消費を伸ばすための申し入れを農林省と厚生省へする	
1977	「米と油と牛乳と」の提唱	「米と牛乳（農耕型と畜産）を日本人の食糧の二本柱にする」と提唱

出所：平賀緑『植物油の政治経済学』

（２）実践例

　昔は良かったなどの懐古主義に陥ることのないよう、現実の生活から出発
し、生徒が発する何気ない言葉をすくいあげて、身近なことがらとして取り
上げることが大事だと思います。
　①食生活分野

> ある授業でのやりとり
> 　Q：「食生活で気になることは？」
> 　A：「カップ麺、スナック菓子、菓子パン…」
> 　Q：「何でダメなの？」
> 　A：「病気になるー」
> 　Q：「じゃあ何で食べるの？」
> 　A：「おいしいからー」「売ってるのが悪いー」

　その場は笑いが生じましたが、生徒の「売ってるのが悪い」は本質を突い
ているのかもしれないと思うのです。ふざけて言っているように聞こえるほ
ど、私たちは自分で選んで買っていると思わされています。家庭科の授業で
「身体にいいものを選んで食べましょう」「和食を見直しましょう」と、生徒
に意識変革を求めるだけでよいのかを考える必要があります。先に「食の欧
米化」について触れましたが、輸入自由化という政策としても食の欧米化が
進められたということを見ないわけにはいきません。自給率の低下や食品ロ
スを消費生活の側面からだけ語るのではなく、国が進める農政にも目を向け、
例えばスマート農業といわれるものが、本当に私たちの生活を豊かにするも
のなのか考える授業が求められます。
　食生活分野での具体的な授業展開例を、次ページに提案しています。

（授業展開例）

《ねらい》庶民の食生活の変遷をたどり、「食の欧米化」がどのように進んでいったのか、農政等社会の動きとのかかわりで考察し、今後の食のあり方を展望する。

進め方	準備・資料等
日本人の食生活の歴史を知り、食について考える (1) 曾祖父母、祖父母、父母から子ども時代の食生活の様子を聞いてくる。 ①何を食べていたか ②食材はどのように調達したか ③食材の保存方法は？ ④熱源はなにか ⑤食事作りを担ったのは誰か ⑥当時の社会の出来事	聞いてくる内容はできるだけ細かく。 ①食事、おやつ、給食などに分けて ②例：自分の畑、飼っている鶏が産んだ八百屋、魚屋、スーパー ③例：井戸水、土の中、乾燥、漬物 ④例：薪、ガス、電子レンジ ⑤例：薪を割ったのは父、鶏をさばいたのは祖父、調理したのは母、祖母。 ＊家庭の事情等で聞き取りができない場合は⑥のみも可とする。
(2) 聞いてきた内容を年表にする。	班ごと、またはクラスで一つの年表など。
(3) 年表から読み取り、今後を考える。 ●班で①〜⑤までを話し合い、発表 ＊班討議の際に参考とする資料（右記）を提示する。 ①食生活はどう変化したのか（変化の概要） ②なぜ変化したのか ③食生活の変化が人々に与えた影響は？ 　―変化の過程で、手に入れたもの、失ったもの ④人間にとっての食とは何か。 ⑤これからの食生活で大事にされるべきことは何か。	・戦後の産業構造の変化 ・自給率の推移 ・農業基本法（1961年） ・農水省「農業基本法に関する研究会報告」（1992年） ・食料-農村-農業基本法（1999年） ・食料・農業・農村白書（最新版） ・どう考える？「みどりの食料システム戦略」（農文協ブックレット）

②衣生活分野

　お雛様が着ている〝きもの〟と「和服」として紹介されることの多い〝きもの〟とはだいぶ違いますが、そこに目を向けるのも面白いと思います。例えばお雛様は袴をはいていますが、女子学生が卒業式に着用する現代の袴と同じなのか。明治時代に女学生がはいていた袴とは違うのか。あるいは、いつから女性の帯はあんなに幅広になったのか、それらをひも解くと、その時代の社会のありようを反映していることがよくわかります。

> 「思うに、服装は、肉体の保護（物理的・気象的被害を防ぐための）や活動の便宜のためという実用的機能が根本にあって人間生活に不可欠の要素となったのであろうが、服装が如何なる形態をとるかは、現実には、単に実用的目的に応じての効果を考えてというよりは、歴史的社会的条件により規定せられるところがきわめて大きい」（家永三郎著『日本人の洋服観の変遷』）

　伝統という言葉を安易に解釈せず、生活文化の奥深さを自覚しながら、暮らしとのかかわりで授業を組み立てることが大事です。

引用文献
天野正子（1996）『「生活者」とはだれか』中公新書、23
平賀緑（2019）『植物油の政治経済学』昭和堂、192

5　家庭科の視点でSDGsを考える

大場　広子

1　SDGsブームと学習指導要領

　SDGs ＜ Sustainable Development Goals: 持続可能な開発目標＞は、2015年9月に国連総会で193カ国の首脳の合意のもとに採択され、2030年までに17の目標（169のターゲットを含む）の達成をめざしているものです。

　国際社会が共通する、地球温暖化、貧困と格差、コロナ禍などの「危機の時代を生き抜く羅針盤」（村上、渡辺　2019）としてのSDGsを、1人ひとりが「自分ごと」として捉え、暮らしを見直すことが求められています。

　日本においても最近では、17目標のカラフルなメッセージアイコンがいたるところに使用され、メディアで取り上げない日がないほど日常的で、多様な取り組みが拡がりを見せています。この現象は企業や自治体のイメージアップの宣伝に利用されていないか不安になるほどですが、一方で、子どもたちへの授業で取り上げる場合はどんな配慮が必要でしょうか。

　文部科学省が2018年に改訂した「高等学校学習指導要領」は、2022年度4月から実施されています。今回の改訂では、「グローバル社会に適応できる主体的・対話的で深い学び」を重視しています。第1章 総則においても生徒たちが「持続可能な社会の創り手となることが期待」されていることがわかります（文部科学省、平成30年告示）。

　前回の改訂には見られなかった「持続可能な開発」「持続可能な社会」の文言は、今回では公民科の新設科目「公共」や、職業教科や中学校社会科の「改定のポイント」にも「国連における持続可能な開発のための取組み」が示されています。

　高等学校家庭科では、共通教科「家庭」の２つの選択必修科目「家庭基礎」「家庭総合」の内容構成は４つに整理され、そのなかの一つ「C　持続可能な消費生活・環境」で、「SDGsなど」「国際的な取り組みについて取り上げ」「その重要性を理解できるようにする」ことを指示し、「持続可能な社会へ参画することの意義」「ライフスタイルの工夫」が「内容とその取扱い」において強調されています。

　さらに、教科目標の改善については「生活の営みに係る見方・考え方」を①協力・協働、②健康・快適・安全、③生活文化の継承・創造、④持続可能な社会の構築という４つの視点で捉え、「よりよい生活を営むために工夫する」ことをめざすとしています（文部科学省、平成30年告示）。

　これらを基に編集された新しい教科書が、SDGsをどのように取り上げているのか、以下に記します。

2　教科書検討の結果からわかること

　本論に入る前に、生徒はSDGsを中学校社会科や中学・高等学校の「総合的な探究の時間」などですでに学んでいることが予想され、さらに、これまで家庭科で取り上げてきた題材のなかにも「持続可能な暮らし」を問うものは、多様な実践が報告されてきていることに留意する必要があります。したがって、高校家庭科で初めて取り上げるかのように詳しく取り上げて指導する必要はないだろうと筆者が考えていることを、最初に述べておきたいと思います。

　しかも、SDGsは2030年までの目標となっていますので、次の学習指導要領の改訂（2028年頃）、実施（2032年頃）に基づく教科書では、現在のSDGsが修正・変更されることは十分に考えられます。

　以上を踏まえて、現行の新しい教科書の分析結果を整理してみたいと思います。

（1）口絵部分のSDGsの取り上げ方

　まず気がつくことは、「家庭基礎」の教科書10冊のうちほとんどが、家庭科を学ぶ目標や意義、学び方を説明する口絵部分にSDGsを取り上げていることです。しかし、その取り上げ方には教科書によって大きな違いが見られます。

　具体的には、「SDGsが目指していることは、家庭科の学習で身につける資質や能力と一致する点が多くあります。」「家庭科の学習はSDGsの各目標と密接に結びついている。」という記述があります。これは、初めに家庭科学習があり、これとの関連を意識的に取り上げる表現になっています。

　ところが、「SDGsの目標達成に向けて家庭科で学んだことを実行していこう。」「家庭科は、SDGsが目標に掲げるすべてのことを学び、実践していく教科である。」という記述は、SDGsが先にあり、そのために家庭科があるような、本末転倒の取り上げ方もあります。さらに、家庭科との関連性の説明もなく、いきなり17目標を羅列している教科書もあります。

　生徒が最初に開く口絵のページでは、高校で学ぶ家庭科の意義や目標について理解を深め、学習の動機づけとなりえる表現が必要です。これを踏まえて、家庭科とSDGsとの関係を明確に説明しているのは1冊のみでした。その教科書は学ぶ目的・内容・意義を示した後に、SDGsの前文が「全ての人の人権を実現する」ことをめざし掲げたスローガン「誰ひとり取り残さない」について説明しています。人間社会が自然や経済と深く結びつくことを押さえ、多様性を認め合いながら生徒自身の生活を科学的に見る目を養い、学びへの意欲を引き出す表現になっています。

（2）内容部分の取り上げ方

　具体的な内容部分ではSDGsの取り上げ方の軽重については差が大きく、各所にカラフルな17目標のメッセージアイコンが配置されたものから、すべての章の前後でSDGsとの関連で「実践できること」を生徒自身に考えさせるもの、探究学習や課題解決学習など主体的な学びへの発展を意図したものまで、多様な取り上げ方が見られます。

とくに明確にSDGsを取り上げているものを領域別に分類すると次のようになります。

学習項目	学　習　内　容	（教科書冊数）
保　育	子どもの権利条約、子どもの貧困、乳幼児期の重要性、ユニセフのガイド	（4）
食生活	食料自給率、世界の飢餓人口、食品ロス、エコクッキング、有機農法	（4）
衣生活	ファーストファッション、フェアトレード、破れた靴下とSDGs、繊維産業の実態	（3）
住生活	環境共生住宅、ネット・ゼロ・エネルギーハウス、コンパクトシティ	（3）
共生社会	ジェンダーギャップ指数、ジェンダー不平等指数、誰もが働きやすい社会、一日の生活	（5）
消費生活と環境	海洋プラスチックごみ、エコロジカル・フットプリント	（9）
ホームプロジェクト	かたづけ、いい家づくり	（1）

　家庭科とSDGsがリンクすると考えられているテーマは、学習指導要領の指示どおり「消費生活と環境」の領域で多いのですが、広くすべての学習領域で取り上げられていることがわかりました。教科書執筆者や編集者も「消費生活と環境」に限らず、生徒の身近な問題から深めていける授業実践を期待していると思われます。

3　気になる視点

（1）SDGs達成状況の評価について
　「日本のSDGs各目標の達成状況」（2019年）を図示している教科書があります。「達成」できているものから「要努力」までの4段階に分けて17目標を並べかえて示しているので、日本が不足している点を注目させることができます。しかしこれは、2019年以前の達成状況に対するものであり、毎年の分析・評価を注視する必要があります。
　SDGsに関する各国の達成状況は毎年の国際リポート「持続可能な開発ソ

リューション・ネットワーク」（国連と連携する国際的な研究組織）にランキングが公表され、163 カ国中、日本は 15 位（2019 年）、17 位（2020 年）、18 位（2021 年）、19 位（2022 年）と順位を下げています。評価のしかたや順位を下げている理由も含めて、時間軸で見る必要があります。

　これまでの同リポートでは、日本の取り組みは「ジェンダー平等」「気候変動対策」「海の豊かさ」「陸の豊かさ」「グローバル・パートナーシップ」の５つが最低評価と指摘されていましたが、2022 年新たに「つくる責任・つかう責任」も最低評価に加えられました。政府をはじめ、国内のさまざまな取り組みの評価が低い現状に気がつく必要があります。

　2021 年 11 月に英国スコットランドで開かれたＣＯＰ 26（国連気候変動枠組条約第 26 回締約国会議）では、気候危機に対処するため、産業革命（1700 年代末）前からの気温上昇を「1.5 度」に抑えることが合意されました。先進国も途上国も、政府や企業だけでなく家庭や地域でも、人間の営みそのものを見直すべき段階にあることを自覚する必要があります。

　スウェーデンのグレタ・トゥーンベリさんの高校生当時の活動から世界に拡がった若ものたちの気候変動に対する危機感を受け止め、日本でも高校生を含む若い世代や大人も、共に考えることが必要ではないでしょうか。世界の動きを把握し、考える習慣は今後ますます重要です。

（2）「未来に受け継ぎたい、持続させたい生活と社会」とは何か

　ここで「持続可能な社会」の定義について確認しておきたいと思います。明確な記述がある教科書は少なく、数社に共通するものは「地球環境への負担を減らす」ことを指していることです。

　そもそもこれは 1972 年ローマクラブ（スイスのヴィンタートゥールに本部を置く民間のシンクタンク）が示した「成長の限界」のなかで語られた"sustainable"という言葉から始まりました。さらに 1987 年「環境と開発に関する世界委員会（ブルントラント委員会）」が「持続可能な開発」という言葉を生み出し、「将来世代のニーズを損なうことなく、現代世代のニーズを満たすこと」を意味しています。さらに最近では、主に環境・資源問題は

「世代間公正」を、格差・貧困・社会的排除問題は「世代内公正」を実現させることが基本課題（高橋　2021）といわれています。

2000年に成立したMDGs（Millennium Development Goals: ミレニアム開発目標）を土台として、その後もSDGsの成立に向けて数多くの議論を重ね、教育の課題、平和、人権、民主主義、人口、健康、食の安全など幅広い概念を取り入れるようになりました。「持続可能な社会」への大転換を求めるときに社会的弱者や少数派が排除されたり、不利益を被ることがあってはならない、という意味で「誰一人取り残さない」ことが重要なコンセプトとして位置づけられています。

図1　エコロジカル・フットプリント

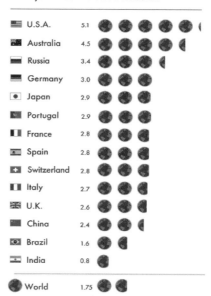

Source: National Footprint and Biocapacity Accounts 2022
Additional countries available at overshootday.org/how-many-earths

さらに「自然」と「経済」とのバランスまで解決しなければ"sustainable"とはいえないという複雑さを含んでいます。

「地球環境」問題に関しては、「エコロジカル・フットプリント」（図1　WWF〈世界自然保護基金〉ジャパン）の考え方がわかりやすいでしょう。これを取り上げた教科書は僅かです。すでに地球上の土地や海の資源では足りないほどに人類が増え過ぎ、使い尽くしていることがわかります。

教科書分析に携わり考えさせられたことは、SDGsをめぐる歴史的経緯や課題を知り、教科書が示しているものを吟味し、そこに不足する視点をどのように踏まえて日々の授業に活かしていくか、ということです。つまり、SDGsを教えるのではなく、「持続可能な生活」とは何か、「それは誰かを犠牲にして成り立っていないか」を生徒と共に考える、「教え込まない授業」

を構想する力が必要があります。

　人間の「生活」は「社会」を支える土台です。しっかりした土台が「社会」の持続には不可欠であり、環境・福祉・地域・政治などとのつながりで考える必要があるでしょう。

4　SDGsを取り入れるならば

　家庭科の授業で、あえてSDGsを取り上げるとすれば、次のような実践例が考えられます。このとき、「SDGsを教材にする場合には、SDGsの各目標の提示を、万全のものと受け取るのではなく、主体的に補って進める学びが求められる」（鶴田　2021）ことを意識する必要があります。

　さらに、「SDGsを家庭科が汲み取るとすれば、『いのちとくらしと人権にかかわること』についての個人の問題解決のために、『経済』と『政治』と『自然の保全』の視点で、周囲および全ての人々にかかわる社会の問題としてとらえる学びに」（鶴田　2021）踏み出すことをふまえての実践例です。

「私の暮らしとSDGsはどうつながるか」授業案

〈ねらい〉

1. 家庭科で学んできたことのなかから生徒自身の生活課題を絞り込み、それがSDGsのどの目標と関連するかを検討する。

2. 理想と現実のギャップを埋めるために必要なこと、できることを探し、解決の方向を探るための実験や調査によって追究する。

3. 探究の成果をまとめ、交流することで考えを深める。

〈授業展開例〉

学習項目	学習内容
1. 自分自身の生活課題を考える	・家庭科の学習を振り返り、改めて今の自分の生活課題は何かを考える。 ・SDGsの17目標との関連性を検討する。（まったく関連がなくてもよい。）

2. 理想と現実のギャップを どう埋める？	・理想と現実のギャップについて原因や対策を検討す る（関連性がないのは何故かを追究する）。 ・解決の方向を探るための調査、実験などを計画的に 試みる。
3. 探究活動の経過をまと め、報告する	・できるだけ「一次情報」を集め、報告する。 ・他者の報告や意見を聞いてさらに検討・実践する。
4. 自論を世に問う	・一連の取り組みで得たことを500字程度にまとめ、 「持続可能な生活と社会」をめざして提案する。

（1）生徒自身の生活課題からはじめる

　まず、家庭科を学んだ生徒自身が感じた生活課題を引き出すことからはじめ、資料集や教科書の目次などを見ながら丁寧に振り返ることに時間を取りたいと考えます。そのうえでSDGsの目標との関連性を探ることになります。

（2）SDGsでも解決できない課題に気づく

　生徒の取り上げたい課題のなかには、17目標だけでは解決しきれないものもあることを生徒と共に考えることが必要です。

　「高齢化（Aging）」「宗教性（Spiritually）」を指摘する研究者もいます。「資源エネルギー問題」や「原子力発電」については家庭科でも取り組みが発表されていますが、「核廃絶」、「宇宙開発」など、SDGsだけでは網羅できない課題があることをテーマ設定の段階で指摘したいと思います。ウクライナをはじめ戦争や紛争にまきこまれる市民の現状から「戦争と平和」について改めて考える事態のなかにあることに気づく生徒もいるかもしれません。

　高校生を含む若い世代のほうが環境問題や気候危機対策に敏感です。大人が気づかないところを指摘できる生徒もきっと出てくることでしょう。そのときに教師が留意することは、生徒が自分自身の暮らしとのかかわりをどのように意識しているか、どのように解決しようと考えているかを丁寧に聞き出すことが重要です。インターネットで調べてコピーして終わりではなく、できるだけ根拠となる「一次情報」（上野　2018）をアンケート、インタビュー、実態調査などで集められるよう、研究計画や研究方法についても

学習機会を設ける必要があります。

　さらに、学びの成果を500字程度にまとめ冊子にして交流を図り、可能であれば新聞の投書欄に応募してみるなどの「自論を世に問う」体験に発展させる指導が考えられます。

（3）研究者や現場の教員同士のさらなる実践交流を

　SDGsと家庭科とのリンクを今後どのように考え進めるべきか、研究者と教育現場の教員のさらなる研究成果に期待したいと思います。

　これからの若い家庭科教師たちが、地域や世界で活動する多様な人々と交流し、より良い授業を創るために問題意識のアンテナをより高くして自ら学び、生徒と共に成長できる教師であり続けることに期待したいと思っています。

　以下にSDGsに関する多様な考えを集めました。参考にしていただければと思います。

＊バッチをつけるだけ、ホームページにロゴマークを配置するだけといった表層的な動きも目立つ。とくに、SDGsのカラフルなロゴは営利目的での使用を除き、申請や審査も不要で誰もが使えるため、本質とかけ離れた利用のされかたをよく見かける。（高橋真樹　2021）『日本のSDGs～それってほんとにサステナブル？～』大月書店、4）

＊政府や企業がSDGsの行動指針をいくつかなぞったところで、気候変動は止められないのだ。SDGsはアリバイ作りのようなものであり、目下の危機から目を背けさせる効果しかない。（斎藤幸平　2020『人新世の「資本論」』集英社、4）

＊「本当に2030年までに〈SDGs〉169のターゲットを達成できると思いますか？」という問いについて、「私は、コロナ禍と温暖化の二つが鍵だと思っています。私たちがこの二つを解決することができたなら、他のことは比較的簡単に解決できると思っています。」……「17のゴールが同時に達成されてこそ、持続可能（サステナブル）であるということなんですね。」（オードリー・タン語り 2022）『まだ誰も見たことのない「未来」の話をしよう』SB新書、148-149）

＊「カネ、ヒト、地球のいずれにおいても、コロナ後の世界こそ、SDGs
　を道しるべとした、再生戦略を立てるべきときであろう。再生戦略
　は、政府や行政だけの仕事ではない。個々人の再生戦略でもある。そ
　の先の未来に進むために、SDGsは重要な役割を担う。」（蟹江憲史　2020
　『SDGs（持続可能な開発目標）』中公新書2604、253-254）

参考文献

村上芽・渡辺珠子（2019）『SDGs入門』日経文庫
南　博・稲葉雅紀（2020）『SDGs―危機の時代の羅針盤』岩波新書
高橋真樹（2021）『日本のSDGs～それってほんとにサステナブル？～』大月書店
稲葉茂勝・渡邉優（2020）『SDGsのきほん―未来のための17の目標～目標5ジェン
　ダー』（全18巻⑥）ポプラ社
鶴田敦子（2021）「これからの家庭科の実践を考える視点」家庭科教育研究者連盟
　『家庭科研究』
鶴田敦子（2021）「現場の先生たちと家庭科の授業をつくっています」家庭科教育研
　究者連盟『家庭科研究』
上野千鶴子（2018）『情報生産者になる』ちくま新書

6　食料自給率UPの実現につながる学びとは

大塚須美子

1　学習指導要領解説の食料自給率についての記述

2018年の学習指導要領では食料自給率について具体的な記述はありません。学習指導要領解説（「家庭基礎」）には、関連ある項目として以下があります。

表1　2018年「学習指導要領」解説の記述

> B　衣食住の生活　(1) 食生活と健康
> イ　……持続可能な社会の構築などの視点から、よりよい食生活の創造について
> 　考え、工夫することができるようにする。
> 　輸入食品の増大、食料自給率の低下……などの食を取り巻く環境の変化や食の
> 　安全について考察する（以下略）。

2007年の学習指導要領になかった「持続可能な社会の構築の視点」が新たに加わり、食料自給率の低下については、前学習指導要領（2007）の「家庭基礎」解説での「社会的な問題ともかかわる現代の食生活の問題を理解させる」から、表1のように「食を取り巻く環境の変化や食の安全について考察する。」となっています。

2　食料自給率低下について教科書はどう取り上げているか

(1) 食料自給率低下の要因は食生活の変化だけか？

日本の食料自給率は、1965年の73％から2021年には38％にまで減少していて、主要国のなかでもきわめて低くなっています。食料自給率が低いこ

とについてはすべての教科書が記述しています。また、日本の農林水産業が
食料を生産できる能力である食料自給力についても低下傾向であると記述し
ている教科書もあります。

　長期的に食料自給率が低下してきた主な要因として、2021 年の『食料・
農業・農村白書』では、「食生活の多様化が進み、国産で需要量を満たすこ
とのできる米の消費が減少した一方で、飼料や原料の多くを海外に頼らざる
をえない畜産物や油脂類等の消費が増加したことによるもの」としています。
では各教科書はどのように記述しているでしょうか。

表2　食料自給率低下の要因について教科書の記述

要因	具体的な内容	冊数
A	記載なし	4
B 主に食生活の変化	食生活の欧米化（1冊はこの言葉を使用していない）、米の消費量の減少、飼料や原料を海外に依存している畜産物や油脂の消費量の増加。	2
C 上記＋α	Bの記述＋安価な外国産の食料の輸入増加。輸入自由化の拡大による農業生産量の減少。	1
	Bの記述＋経済成長に伴う農耕地の工業や住宅用地への転用、農業・水産業従事者の減少。	2
D 工業化・関税引き下げ	工業化に伴う農村から都市への人口移動→農業従事者の減少と高齢化による労働力不足→耕作放棄地の増加に伴う農地の減少。グローバル経済による関税引き下げによる輸入がしやすくなる（農業保護が低いので農業離れ）。	1

　4冊が低下の要因を記述しておらず、2冊は「食生活の変化」を記述して
います。しかし残り4冊は、輸入の自由化・貿易における関税引き下げによ
り食料が輸入しやすくなったこと、日本の産業の工業化（産業の中心に工業
を据えたこと）等が、農業人口や農耕地の減少になったことに触れています。
つまり、工業化を重視する経済政策、その政策が農業等に与えた影響や貿易
自由化の拡大等がしっかり記述されていない教科書が多いことは、自給率低
下の要因を根本的に捉えることができないのではないかと思います。

（2）輸入依存で安定した食生活は維持できるか

　では次に、教科書では、輸入依存の問題をどのように取り上げているでしょうか。その結果を表3に記します。

表3　食料の輸入依存の問題について教科書の記述

・残留農薬や食品添加物等の安全性の問題がある。
・鳥インフルエンザやBSEなど海外の家畜の伝染病による輸入の停止の例がある。
・世界の食料生産量の影響を受ける。（自国の農産物が不足しないよう輸出国の制限や、輸出国の台風や干ばつなどの気候の変化による不作等により安定して食料確保できるとはかぎらない）。
・国際情勢により価格の高騰や供給量の減少などのリスクの危険がつねにある。

　教科書で記述されている世界の食料生産の影響や国際情勢による価格の高騰や供給量の減少リスクは、新型コロナによるパンデミックやロシアのウクライナ侵攻により、予想ではなく現実のものとして私たちの生活を直撃し、生徒たちも実感しています。コロナ禍のなか、さらにロシアのウクライナ侵攻により世界的な食料危機の懸念が指摘されています。地球の気候変動や世界情勢の不安定さなどは、日本がこのまま食料輸入を続けることができないのではないかと懸念されています。

　このような状況で、家庭科の授業は、これまでの「自給率が低いこと」と知らせる授業から、生徒たちが「これから自給率を上げるにはどうしたらいいか」を考える授業への転換が求められていると思います。

　以下に述べることは、そのための基礎資料にもなると思います。

3　食料自給率低下をもたらした農業政策、貿易自由化

（1）「農業基本法」から「食料・農業・農村基本法」へ

　1961年に制定された「農業基本法」は、戦後すぐの「食料の完全自給・増産体制」から「農業生産力の向上・合理化」への転換、そして近代化を推し進めるものとして制定され、国は工業化を推進し経済成長をめざしました。高度経済成長政策を進めるため、多くの労働力が求められ、農村から若もの

は都市に移動し、農業従事者の減少と高齢化が進み、その結果、農業生産力の向上は見込めなくなりました。

　「農業基本法」に代わり、1999 年「食料・農業・農村基本法」が制定され、農業の問題は、「国民生活の安定向上」や「国民経済の健全な発展」にとっても重要問題であると述べていますが、その理念は農業の構造転換を図るものでした。その構造転換とは、「農業の成長産業化」政策であり、農業経営を大規模化、施設化し、大規模農業の担い手を少数精鋭化することに重点をおくものでした。その結果、小規模の農業経営の就業人口と食肉用牛飼養頭数などは減少し、水田農業や畜産の基盤は弱体化し、食料自給率は上昇の兆しがみられませんでした（北川　2019）。

（2）グローバル経済の進展による貿易自由化の流れ

　表4に、輸入数量制限品目と食料自給率の推移を、表5に自由貿易協定による輸入拡大の動きをみていきます。

　表4が示すように自国の農業を保護するための農産物の品目は年々減少し、当然のことながら、食料自給率は下がります。

表4　輸入数量制限品目と食料自給率の推移

年	輸入数量制限品目	食料自給率	備　考
1962	81	76	
1967	73	66	ガット・ケネディ・ラウンド決議
1970	58	60	
1988	22	50	日・米農産物交渉決議（牛肉・かんきつ、12品目）
1990	17	48	
2001	5	40	ドーハ・ラウンド開始
2019	5	38	

　さらに TPP11 や、FTA は、表5に示す事態になりました。

　以上、農産物の輸入数量制限の撤廃、輸入枠の拡大、関税率削減・撤廃といった貿易自由化が、日本国内の食料生産を減少させる要因となり、結果的に食料自給率低下につながったことは十二分に読み取れます。

表5　自由貿易協定 TPP11、日米FTAのもたらしたこと

・2018年12月　離脱した米国を除く11カ国による新協定（TPP11）発効
　　国会決議で除外するとした重要5品目（コメ、麦、牛肉・豚肉、乳製品、甘味作物）の30％の関税を引き下げ、野菜や果物、農林・水産物のほとんどで関税撤廃、7年後に輸出国から要求されれば、農産物関税の見直しを協議する。
・2020年1月 日米FTA（自由貿易協定）発効
　　米国への輸出の4割を占める完成車と自動車部品、さらに米国へ輸出する牛肉の関税撤廃は反故にされる。日本の牛肉輸入は米国のTPP離脱前を上回り、600億円の米国の余剰穀物の購入を約束させられ、日本にとって非常に偏った不利な協定になった。

4　日本農業をとりまく状況

ではここで、日本の農業の実態をみていくことにします。

（1）日本農業の課題

　農業従事者の高齢化・減少が進むなかで求められることは、次世代に農業を引き継いでいく、新規に就農する若ものを増やし、育てていくことです。

1）新規農業従事者が増えるのに全体の農業従事者が増えない

　49歳以下の新規就農者が毎年2万人前後いるのに、農業従事者数が減少傾向にあるのはなぜでしょうか。（図1）高齢により離農する人も多いと考えられますが、新規就農者のなかには辞めていく人も多いといえます。新規に参入し、経営が安定するまでの所得を得る壁が高く、新規就農者を国や地域で支えていくシステムが十分でないといえます。

2）大規模農家と小規模農家の格差

　大規模農家と小規模農家二極化の問題も指摘されています。小規模農業こそが日本農業を救うという声もありますが、大企業や組合法人による生産性重視による経営と比べ、生産効率が悪く大きな収入を得にくい個人農家が生き残る難しさがあります。地域農業を支える多様な担い手が農業を継続できる政策が必要ですが、農地面積が少ない日本が大規模農業を奨励することに根本問題があるように思います（松平　2017）。

図1　基幹的農業従事者数と平均年齢（令和2年度『食料・農業・農村白書』）

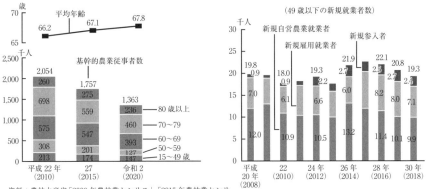

資料：農林水産省「2000年農林業センサス」、「2015年農林業センサス」〈組替集計〉、「2010年世界農林業センサス」〈組替集計〉
注：各年2月1日時点

（2）農業保護の低い日本

　安全・安心な食料を安定的に国民に供給できること、そのことは国民が生きる国の最重要課題です。ところが、日本の国民1人あたりの農業予算は2005年より2019年では減少しており、他の主要国と比較しても低く抑えられています（表6 主要国の国民1人あたり農業予算：農水省ホームページ）。

　また、各国は独自の助成制度で農業保護を行っています。日本の農家の所

表6　主要国の国民1人あたり農業予算（農水省ホームページ）

農水省「主要国の農業関連指標」（2020年1月）　単位：円

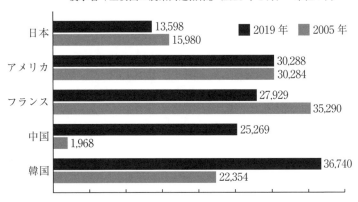

得のうち補助金の占める割合は30％程度なのに対し、EUやイギリスの農業
所得に占める補助金の割合は英仏が90％前後、スイスでほぼ100％と、日本
は先進国でもっとも低くなっています。このままでは事業を続けることがで
きないと生産現場からは悲鳴の声が上がっています。政府は自国農業保護の
ために必要な補助金制度についてあいまいなままにしています。

（3）日本の農業政策の方向

　日本の農業政策や農業について記述している教科書は多くありません。
　「種子法の廃止」や「企業の参入とスマート農業で、農業の大型化を目指
している。これについては賛否両論ある。」、「植物工場を取り上げて6つの
意見を例示して考える」等の記述があります。
　現在、日本の農業は「強い農業の創造」をコンセプトに、IT産業と機械
工学の参画によるロボット化とスマート化が進められています。企業や農業
法人が農業に参入し、土地を集積し農業の大型化が進められています。さら
に規模拡大と所得増大の攻めの農業の一環として、高品質な農産物・加工品
の輸出促進をはかることをめざしています。6次産業の推進[注1] と合わせて、
日本の農業政策は産業政策に偏重しているとの批判もあり、このことは小農
経営や兼業農家の切り捨てに直結するとしています。

（4）「みどりの食料システム戦略」は自給率を上げる？

　2021年5月に農水省は「みどりの食料システム戦略」（以下「みどり戦略」）
を発表。「みどり戦略」は、今後30年の国内の食料・農業政策や農村政策全
体とかかわりをもたずにはいられないだけに大きな議論となっています。副
題に「食料・農林水産業の生産力向上と持続性の両立をイノベーションで実
現」とあり、技術によるイノベーションへの過大な期待と依存ゆえにもつあ
やうさがあります。「生産力」は労働生産性であり省力化・省人化が意識さ
れています。国内生産量の拡大＝食料自給率の向上を意味しますが、食料自
給率は「みどり戦略」のメインテーマにはなっていません。

（5）自給率向上のための国民運動？

　教科書では、「安定した自給率は国の根本問題とされる」「食料自給率の向上を図ることが重要な課題となっている」「国内で自分たちの食料を生産していく努力が必要である」等と書かれています。そして食料自給率向上に向けて「フード・アクション・ニッポン」という国民運動、もしくは食料自給率向上のための5つのアクションを取り上げている教科書があります。ある教科書では、国民運動の成果がでれば国が掲げる「2025 年度までに食料自給率を 45%に引き上げる」目標も達成できるだろうと記述しています。

　しかし、その目標が達成できるかは疑問です。「旬を味わう」「地元のものを食べる」などの5つのアクションは、すべて私たち消費者に求められるものとなっています。国の食料自給率向上のための農水産業政策についての記述は皆無です。

5　食料自給率を改善させる方策を生徒と共に考える

　安心・安全で安定した食料の供給を求めるのは、私たちのいのちを守る意味でも憲法第 25 条の生存権につながるものです。そして食料自給率を改善させる方策についての学習は、家庭科教育にしっかり位置づける必要があり、家庭科教育の課題といえます。この学習を進めていくうえでの基本的な観点について考えていきます。

（1）食料安全保障の重要性

　FAO（国連食糧農業機関）では、食料安全保障について「すべての人が、常に活動的・健康的生活を営むために必要となる、必要十分で安全な栄養価に富む食料を得ることができるとき、食料安全保障が実現しているといえる。」と定義しています。鈴木宣弘は、「食は命の要、安全保障の要である。安全な食料を必要な量だけ国民に確保するのが国家の責務である。食の安全保障には、量が確保される安全保障と質的に安全な食料が確保される安全性の保障との両面がある。」（鈴木　2020）と述べています。

日本では「食料安全保障」が十分認知されていません。日本の農業政策は国民のいのちを守る安全保障政策でなければなりません。農水産物を供給してくれている生産者をみんなで支えていくことが求められています。

（2）農業の多面的機能に注目する

現在、農業といわれるものは産業としての農業を意味するものにとどまっていて、農業の質は大きく変化してきたとの指摘があります。しかし、農業は土地や自然・環境という自然資本（資源）を土台とし、その上に社会関係資本であるコミュニティのもとで営まれてきたものです。水田や畑は雨水を一時的に貯め、洪水や土壌崩壊を防ぎます。水田や畑の水中や土の中の微生物が有機物を分解し、水質を浄化、堆肥を分解して農産物の養分とします。植物や昆虫、動物等の生態系を維持し、生物の多様性が確保されます。農業の営みを通じて、良好な農村の景観が形成され、地域独自の年中行事や文化が伝承されるなど、多面的機能を有しています。中山間地域や農村に人が住み続けられ、また農業を守っていく意味でも農業のもつ多面的機能に注目することが重要になってきます。

6　授業実践を考える

	ねらい	すすめ方
食料自給率が上がるとどんな利点があるか考えよう。	①食料自給率低下の要因や食料の輸入依存の問題について理解する。 ②食料自給率改善による利点を考えることができる。 ③食料自給率改善に必要な取り組みを出し合い、まとめることができる。	①食料自給率の実態を確認し、食料自給率低下の要因や食料の輸入依存による問題を調べる。 ② ①の学習をふまえ、食料自給率が上がるとどんな利点があるか考える。 ③食料自給率改善に必要な取り組みをグループで考え、まとめる。

注1）農林漁業者が農産物・水産物の生産だけでなく、食品加工（2次産業）、流通販売（3次産業）にも取り組みそれにより農林水産業を活性化させ、農林漁村の経済を豊かにしていこうとするもの（農林水産省ホームページ：農林漁業の6次産業化）

引用文献

北川太一（2019）「『食料・農業・農村基本法』の理念は実現されたか？」福井県立大学地域経済研究所発行メールマガジン（コラム）

松平尚也（2017）「農業の大規模化・企業化は農村に何をもたらすのか？　海外の事例から農業改革を考える」https://news.fpu.ac.jp/byline/matsudairanaoya

参考文献

鈴木宣弘（2020）「日本の農業と食の権利」家庭科教育者連盟『家庭科研究』2020年2月号、4-9

農林水産省編（2021）令和2年度『食料・農業・農村白書』

農林水産省編（2022）令和3年度『食料・農業・農村白書』

鈴木宣弘（2021）『食料・農業の深層と針路〜グローバル化の脅威・教訓から〜』創森社

蔦谷栄一（2018）『未来を耕す農的社会』創森社

農林水産省（2021）「みどりの食料システム戦略」農林水産省ホームページ

農村漁村文化協会編　小田切徳美他（2021）「どう考える？『みどりの食料システム戦略』」農文協ブックレット　23

7　気候危機・世界の食料危機にどう取り組むか

大塚須美子

1　気候危機と家庭科

　気候危機とは、これまで多くは地球規模の気候変動という言葉で使われてきた温暖化について、変動の危険性や解決の緊急性にウエイトをおいた言葉です。ここでは多くの場合、「気候危機」という言葉を使っていくことにします。気候危機は、海面上昇、異常気象（集中豪雨・洪水・水不足）、気温上昇、インフラの停止（水道・電気・交通など）、生態系への影響・食料不足などの多面的な損失をまねきます。どれも家庭科の対象とする「生活」と切り離せませんが、ここでは家庭科でもっとも身近に扱う食料に焦点をあてて気候危機について考えてみることにします。

2　「環境」について学習指導要領および解説の記述

　2018年の学習指導要領および解説（「家庭基礎」）では、「気候危機」も「食料問題」の言葉も出てきません。「環境」についての記述を取り出してみました。

　2007年の学習指導要領（「家庭基礎」）では、「環境」については「消費生活」の箇所のみにかかわって記述されていますが、2018年学習指導要領（「家庭基礎」）では「環境に配慮した食生活」についても記述があり、記述量も増えています。家庭科における「生活の見方・考え方」として「持続可能な社会の構築」の視点が示されたことによると思われますが、「持続可能な社会」が多用されています。

表1　2018年学習指導要領「環境」に関する記述

「家庭基礎」B　衣食住の生活の自立と設計（1）食生活と健康
　ア（ア）……健康や環境に配慮した食生活について理解し……
　（「解説」：健康や環境に配慮した食生活については、……環境の維持や持続可
　能な社会を構築するために必要な食生活の在り方等について理解できるように
　する）。
C　持続可能な消費生活・環境（3）持続可能なライフスタイルと環境
　ア　生活と環境との関わりや持続可能な消費について理解するとともに、持続可
　能な社会へ参画することの意義について理解すること。
　（「解説」：生活と環境との関わりについては、……環境問題や資源・エネル
　ギー問題が生じていることを理解できるようにする）。
　（（3）「解説」の後半　指導に当たっては、例えば、……、<u>環境負荷を少な
　くする</u>工夫として、食生活においては環境に配慮した調理の実践、<u>食品ロス</u>な
　ど、……取り上げて生徒が身近な事例と関連付けて考察し、工夫することができ
　るようにする）。（下線は筆者）

3　食料問題・環境問題について教科書の記述

　「持続可能な食生活」または「食生活と環境」、「これからの食生活」など
の学習項目から、次の4点〈（1）食品ロス（2）料と自然環境のかかわり（3）
気候危機とのかかわり（4）食料問題を解決するための取り組み〉について
教科書の特徴についてまとめました。

（1）食品ロスについて

1）食品ロスと資源や環境問題のつながり

　「食品ロス」はすべての教科書が記述しています。多くの教科書は「世界
の食料援助量の約2倍に相当する。」と日本の食品ロスの量を示しています。
「多くのコストをかけて生産している食料を捨てることは、地球資源の無駄
遣いともいえる。」「廃棄された食品はそのまま焼却されることも多い。生産
から廃棄されるまで多くのエネルギーが使用されている。」と食料や資源お
よび環境問題と関連した記述や、「食品ロスの問題は、廃棄処理に伴う費用、

食料の安定供給、環境（温暖化、水資源など）への負荷といった問題も抱えている。」として多面的に捉えた記述もあります。

２）食品ロス削減に向けて

食品ロスの原因と合わせて消費者の取り組みとして食品ロスにしない備蓄（ローリングストック法）、フードバンクやフードドライブ活動（食品ロスの削減、生活困窮者への支援）等が多く取り上げられています。「持続可能な開発目標」（SDGs）の目標のひとつに、「2030年までに世界全体のひとりあたりの食料の廃棄を半減させること」が盛り込まれたことや、国内では第4次循環型社会形成推進基本計画（2018年6月、環境省）において、「家庭から発生する食品ロスを2030年までに2000年比で半減する目標を設定している」ことを記述している教科書もあります。

しかし、事業者の食品ロスを生み出す大きな原因のひとつといわれた3分の1ルールの見直し等について、行政・事業者・消費者がそれぞれ連携して取り組むこととして2019年10月に施行された、食品ロス削減推進法について取り上げている教科書は多くありません。

以上から、教科書の取り上げ方は、消費者一人ひとりが便利で豊かな食生活を当たり前のものとして捉えがちな意識を変えることや、持続可能な食生活のための行動をとることが重要など、消費者の行動に目を向けさせる記述や学習の提案が多いといえます。現代の大量生産、大量消費型の生活から生じている根本的な課題に迫る内容となっていないといえます。

（2）食生活と自然環境とのかかわりについて

環境負荷の指標であるフードマイレージやバーチャルウオーターは、多くの教科書が食料輸入と関連して取り上げており、国内生産の拡大や地産地消の取り組みが必要と記述しています。なかには輸入食品への依存は、輸出国の水や耕地、漁場を使用しており、現地の自然や労働者の生活に悪影響をおよぼしていることにならないだろうか、と問いかけている教科書もあります。

また、環境汚染の問題として、農業や畜産業で使われるえさや農薬に含ま

れる化学物質は、水や土壌の汚れの原因になることや、廃棄プラスチックご
みの海洋汚染などが記述されています。地球温暖化の影響について、「収穫
地の北上、豪雨が長引いたり、雨量の減少、海流の変化で収穫量が不安定に
なる」との記述もあります。

　以上のように、食産業や輸入による自然および人的環境への影響について、
広い視野から取り上げている教科書もありますが、多いとはいえません。

（3）気候危機とのかかわりについて

　世界の飢餓人口について、具体的な記述は多くありませんが、「世界では、
9人に1人以上に十分な食料がない状態である。」等、「SDGs目標2　飢餓
をゼロに」を取り上げて、本文やコラムに記述している教科書は多くありま
す。

　飢餓の背景に貧困や人口増があることに触れ、「サンゴや熱帯雨林の違法
な収奪・利用などが行われ、自然環境を破壊する行動の要因となっている。」、
「自然環境保護と人々の生活の安定は切り離せない関係にある。」との記述や、
「食料問題はもはや一国の問題ではない。開発途上国を中心とする人口増加
の問題や、砂漠化や異常気象の環境問題と密接なかかわりをもつ地球規模の
問題である。」と警鐘を鳴らしている教科書もあります。

（4）食料問題を解決するための取り組みについて

　では、食料問題を解決するための取り組みはどのように記述されているで
しょうか。

　ある教科書では、未来の食生活として家畜の細胞を培養して食肉を育てる
培養肉や食べ物を立体で出力する3Dフードプリンタを取り上げています。
さらに大豆タンパク質など植物由来の人工肉、代替たんぱく資源としての藻
類や昆虫の利用、温暖化に対応した新品種の開発などが進められているとの
記述もあります。また、乾燥や塩害に強い遺伝子組み換え作物やゲノム編集
食品で身の多い鯛や収穫量の多いイネなどの開発について記述している教科
書があります。一方、「遺伝子組換えやゲノム編集食品などの技術革新により、

食料の生産を安定させることができるが、安全面を疑問視する声も大きい。」
と、記述しているものもあります。

　上記（1）から（4）を概観すると、地球温暖化等気候危機が私たちの食生
活や食料問題に大きな影響を与えており、逆に食生活のあり方が地球温暖化
等気候危機をもたらす一要因となっていることは、程度の違いはありますが、
家庭科の教科書に十分といえないまでも記述されているといえるでしょう。
しかし、以下4で取り上げる、気候危機が世界の農業の生産量に影響し、つ
ねに不安定な食料供給を招くであろう危機について、取り上げている教科書
はほとんどありません。

4　気候危機が引き起こす食料危機

（1）食料危機の実態

1）飢餓の実態

　飢餓とは、長期間にわたり十分に食べられず、栄養不足となり、生存と社
会的な生活が困難になっている状態を指します。国連食糧農業機関（FAO）
では栄養不足を、「十分な食料、すなわち健康的で活動的な生活を送るため
に十分な食物エネルギー量を継続的に入手することができないこと」として
います。

　世界の穀物生産量は数年前から毎年26億トン以上となっています。世界
中の人が十分に食べられるだけの食料は生産されているといわれています
が、2021年、世界で7億200万人〜8億2800万人が飢餓の影響下にあると
推計されています。この数はCOVID19パンデミックにより、1億5000万
人増加しました。パンデミックの影響が長びくなか、食料価格は増加し、さ
らにロシアのウクライナへの侵攻は世界の穀物、肥料、エネルギー価格に影
響を与えており、飢餓の実態の改善の見込みはたっていません。地域人口比
でアフリカの20.2%、アジアの9.1%、ラテンアメリカ・カリブ地域の8.6%
が飢餓に直面しています。

２）飢餓がなぜ起こるか

　干ばつや洪水などの自然災害、紛争などの突発的な原因によって、食料が急激に不足し、多くの人々が餓死に追い込まれることもあります。また、農業の生産性が低い、雇用される際の賃金が安い、不公平な貿易の仕組みなどによって起きている飢餓は、死因が餓死ではなく栄養不足から引き起こされる病死であることから、緊急性に乏しいと見なされてしまいます。

（２）気候危機は食料供給にどう影響するのか

１）将来の人口増加に食料生産は対応できるか

　世界の食料（穀物）生産量は 27 億 8000 万トン、消費量は 27 億 3200 万トン（2020 〜 2021 年）となっており、この 10 年間は生産量と消費量がほぼ見合っています。「世界人口と食料需要量の将来推計」（農水省大臣官房政策課食料安全保障室「2050 年における世界の食料需給見通し」）を資料として掲載している教科書があります。その農水省の将来推計によりますと、世界人口は 2050 年には 2010 年の 1.3 倍の 86 億 4300 万人へと増加し、低所得国は 1.6 倍になると予想されています。一方、食料需要量は 2010 年の 1.7 倍の 58 億 1700 万トンが 2050 年に必要と見通され、低所得国の食料需要は 2.7 倍と予想されています。

　国連食糧農業機関（FAO）は、この人口増加をきっかけに 2050 年の農業生産（食料・飼料・バイオ燃料）の生産量を、2012 年の水準より 50％以上増加させる必要があると警告しています。しかし、食資源の需要拡大に対して、食料生産はそれに対応しきれるほどに拡大できる見込みが薄く、需要と供給のバランスが崩れつつあると警告しています。

２）気候危機が食料生産の拡大を困難にしている

　地球温暖化等気候危機により農業ができなくなったり、作物の収量が低下、バラツキなどの不安定化や生産する作物の変更などの影響が指摘されています。食料不足による飢餓や貧困から、熱帯雨林を農地や薪など燃料にするための伐採や多くの土地の開墾、ヤギや羊の放牧の増加等が土地を乾燥させ、砂漠化を引き起こしています。また、気候危機による干ばつや洪水、そ

れによる土壌浸食・劣化による食料の生産性の低下は、貧困を加速させ、内戦や暴動などの社会不安を引き起こします。すなわち気候危機が食料不足を生み、その食料不足が紛争や内乱などの社会情勢を悪化させている現実があります。

5　求められる「食料安全保障」や「食料への権利」実現への取り組み

　地球上のすべての人が安全で、栄養のある食品がとれるようにするにはどうしたらよいでしょうか。それは、「食料安全保障」（第Ⅱ部 6 参照）や基本的人権のひとつである「食料への権利」を実現することです。食料への権利（hunger free world）は、世界人権宣言や国際人権規約に明記されており、すべての人がつねに適切な食料を利用可能で入手できるという食料への権利をもつことを意味します。

　「食料への権利」実現のために取り組むべきこととして重要なことは、気候危機への対策と、生産から消費までの食料システムの改革と思われます。

（1）求められる地球温暖化への対策
1）温室効果ガスの排出抑制は待ったなし

　世界的な気候危機に関する取り組み状況を評価する組織に、政府間パネル（IPCC—Intergovernmental Panel on Climate Change 1989 年設立）があります。2021 年 8 月に発表した IPCC の報告書には、「温暖化の原因が人類の排出した温室効果ガスにあることは、もはや疑う余地がない。」と気候危機の原因を断定し、「地球温暖化は、短期のうちに 1.5℃に達しつつあり、複数の気候ハザードの不可避な増加を引き起こし、生態系及び人間に対して複数のリスクをもたらす（確信度が非常に高い）」ことを指摘しました。

　二酸化炭素の増加をコンピューターでシュミレーションした結果、100 年間で地球上の土壌水分が減ると分析し、オーストラリアや北米の西海岸、ブラジルといった世界の穀倉地帯が水不足に陥ることが示されました。作物の

収量が低下するだけでなく、そのバラツキが国家間の関係を不安定化することは十分予想されます。これらのことからも二酸化炭素をはじめとする温室効果ガスの排出抑制は待ったなしの課題となっていると指摘しています。

2）COP26 の合意内容は不十分

　一方、気候危機に関する世界的な組織には、もう一つ国連気候危機枠組条約締約国会議（COP と略される―Conference of the Parties）があります。この組織は、国連気候危機枠組条約に加盟した国で構成され、各国の政策でどのように具体的に進めるかを検討する組織です。表2は COP の歴史で重要とされる会議です。COP26 は、2030 年までの取り組みが重要という意味

表2　COPの歴史で重要な3つの会議

名称（開催年）	開催地	内　　　容
COP3（1997年）	京都	京都議定書を採択。先進国全体で温室効果ガスを1990年比5%を削減する目標を定める。
COP21（2015年）	パリ	パリ協定が結ばれる。先進国・途上国関係なく世界の平均気温上昇を産業革命以前に比べて2℃より十分低く保ち、1.5℃に抑える努力をする。
COP26（2021年）	イギリスグラスゴー	1.5℃の目標に向かって努力することが、成果文書で強調される。

で「決定的な 10 年間」、その最初の COP という意味で注目されました。

　2022 年4月に IPCC は、「パリ協定の目標達成には遅くとも 2025 年以前に温室効果ガスの排出を減少に転じさせることが必要」と警告レベルを引き上げました。残された時間はわずかしかありません。このことからも COP26 の合意内容では不十分だったことが明らかです。

　2018 年、15 歳で始めたスウェーデンのグレタ・トゥーンベリさんの気候危機への訴えは、世界の若ものに影響を与えました。その後のグレタ・トゥーンベリさんや世界の若ものの取り組みは気候危機への対応が鈍い世界の国々の指導者への怒りといわれています。

（2）食料システム改革への取り組み

1）「国連食料システムサミット」

「国連食料システムサミット」が、2021 年 9 月下旬にオンラインで開かれました。2030 年までに持続可能な開発目標を達成するため、食品ロス削減や環境保全型農業への転換を求めるものでしたが、深刻な対立も目立ちました。800 を超える農民団体や環境保護団体が「運営が多国籍企業の影響を受け、本当の改革にならない」と、ボイコットしました。遺伝子組み換え技術や農薬生産などで利益を上げている多国籍企業が議論に加わり、有機農業などアグロエコロジー推進の障害になるという懸念からでした。[注1]

2）EU と米国が規制と生産性向上で対立

持続可能な農業のあり方をめぐり、国際社会で最初にリードしたのは欧州連合（EU）でした。2020 年 5 月に発表した Farm To Fork（「農場から食卓まで」F2F）戦略は、大胆な有機農業の導入や温室効果ガス削減のための政策を掲げ、農薬削減や家畜頭数の抑制など、生産性を犠牲にしても環境対策を優先するという内容です。

一方、米国はサミット前に Farm To Fork への対案を打ち出しました。農業の生産性向上によって持続可能で食料安全保障や環境を守る考えです。遺伝子編集やスマート農業など最新鋭技術を活用し、飢餓解消や持続可能な農業の強化に力を入れる姿勢を表明したものです。

3）今後のサミットの取り組みや「みどりの食料システム戦略」を注視

EU の Farm To Fork は国際社会に広がりをみせています。日本でも「みどりの食料システム戦略」（以下、「みどり戦略」）をまとめています（第Ⅱ部 6 参照）。種の多様性の促進、資源の循環、化学肥料や農薬の投入量の削減、より賢い代替システムができる公正な生産・販売システムに沿って、生産者と消費者を結びつけるエコロジカルな生産方式を改善し普及させることができるかどうか、今後の「サミット」や「みどり戦略」の取り組みを注視し、場合によっては声をあげる必要があると思います。

6　授業実践を考える

　食料危機、気候危機も環境問題もいろいろなつながりのなかで生じています。そのつながりに注目し、問題解決に向けて取り組むべき課題に迫ってもらいたいと下記の授業を考えました。

	ねらい	すすめ方
食料の生産から消費まで気候危機と食料問題（食料危機）のつながりを考えよう	① 現在の食料問題をあげ、問題の背景・要因について考えることができる。 ② 食料問題と環境問題のつながりを理解し、生産から消費まで（フードシステム）のどの段階で生じているか考えることができる。 ③ 世界の環境問題や食料問題の課題への取り組みについて考えることができる。	① 食料について困っていることや問題になっていることを話し合い、環境問題などその背景を考える。 ② グループでフードシステムを軸に環境と食料問題の関係図を作成する。食料問題と環境問題のつながりを整理する。 ③ 作成した関係図から世界で取り組むべき課題（食料危機と気候危機に対する）について、自分たちの意見を交流する。

注1）アグロエコロジーとは、自然の生態系にならい、生態系の力を借りて営む農業に関する科学、学問であり、その農法の実践であり、その実現のための社会運動でもあります。（関根　2021）

引用文献

関根佳恵（2021）『家族農業が世界を変える 2　環境・エネルギー問題を解決する』かもがわ出版、16

参考文献

SOFI（5つの国連機関：FAO,IFAD,UNICEF,WFP,WHO）2022年報告『世界の食料安全保障と栄養の現状』

国際連合食糧農業機関（FAO）駐日事務所共同編集（2017.6.1）『世界の農林水産 No.847 特集 世界の食料・農業の見通し』国際農林業協同協会（JAICAF）

農業協同組合新聞（2022.1.23）「［緊急特集］気候変動で迫る食糧危機（2）農中総研・田家康客員研究員に聞く『食料争奪戦の様相にも』」

亀山康子（2021）「COP26開幕：『決定的な10年間』の最初のCOPで何が決まったのか？」国立研究開発法人国立環境研究所

山田優（2021）「分断残った食料システムサミット」ニュースソクラ www.socra.net

8　高校家庭科、なぜ今「金融・投資教育」か

中川　千文

1　高校生は「お金」や「投資」に対してどう思っているのか

　2022年4月から高校家庭科に、いわゆる「金融教育」が入りました。マスコミでも取り上げられ、話題となっていますが、当事者である高校生はどう考えているのか。2022年5月に、静岡市内の私立普通高校2年生129名にアンケートを実施しました。家庭科ではまだこの分野は学習していません。

　Q1　18歳成年制にかかわっての「お金」にどの程度関心がありますか
　　　（関心度を1〜5の5段階で数値化。1が最小、3が普通、5が最大）

①クレジットカードを持てる	3.6
②親の同意がなくても契約できる	3.5
③ローンが組める	2.8

　大学進学等での一人暮らしを控えていることもあり、身近なクレジットカードや契約に関心が高いことがうかがえます。

　Q2　「投資」について、あなたが該当するものをすべて選んでください

「投資ゲーム」を知っている	48人	37.2%
「スマホ投資」を知っている	66	51.2
「投資ゲーム」をやっている	3	2.3
「投資」をやっている	2	1.6

予想以上に生徒たちは「投資ゲーム」や「スマホ投資」を知っていました。スマホに「投資ゲーム」の宣伝が頻繁に登場し、最初は無料で遊べます。しかし実際にお金を払ってゲームをしたり、投資を行っている生徒はごく少数（2〜3名）でした。

Q3　あなたは「投資」をやってみたいですか。その理由を選んでください。

やりたい 34.1% (44人)	働かなくて楽をしてお金を増やしたい	16人	12.4%
	ゲームのようで面白そう	9	7.0
	気に入っている会社の株を買って応援したい	14	10.9
	その他	5	3.8
やらない 24.0% (31人)	損をすることが多いから	17人	13.2%
	ギャンブルのようだから	9	7.0
	働かなくてお金が儲かることに抵抗感あり	5	3.8
	その他	0	0
わからない 41.9% (54人)	「投資」そのものをよく知らないから	26人	20.1%
	確実に儲かるならやってみたいが	14	10.9
	投資にまわすお金の余裕がないだろう	10	7.8
	その他	4	3.1

投資をするかどうかわからない生徒が多いことは予想どおりでした。授業で学ぶ内容により、「投資観」が大きく左右されることが予想されます。授業の視点をどこに置くかは授業者の課題といえます。

2　新高校家庭科の学習指導要領は「生活のリスクへの対応」を重視

文科省は家庭科に何を求めているのか、新旧の学習指導要領を比較してみました。学習指導要領の他に学習指導要領解説（「家庭基礎」）からは（解説）として、具体的指導内容をあげました。

（1）2009年学習指導要領（「課程基礎」）での扱い
旧学習指導要領では、「（2）生活の自立及び消費と環境」で以下のように

記述されています。

> エ　消費生活と生涯を見通した経済の計画
> ＜解説＞経済計画だけでなく、将来にわたるリスクを想定して、**不測の
> 事態に備えた貯蓄や保険などの資金計画**についても関心をもたせる。

「生活のリスク」に対して、「貯蓄や保険」は取り上げられていますが、「資産形成」や「金融商品」そのものは取り上げられていません。

（2）2018年学習指導要領（「家庭基礎」）での扱い

「新学習指導要領」では「C　持続可能な消費生活・環境」において、以下のように述べられています。

> イ　生涯を見通した生活における経済の管理や計画の重要性について
> ライフステージや社会保障制度などと関連付けて考察すること。
> 将来にわたるリスクを想定して、不測の事態に備えた対応などについて
> も触れること。
> ＜解説＞家計管理については（中略）リスクへの対応が必要であり**預貯
> 金、民間保険、株式、債券、投資信託等の基本的な金融商品の特徴（メ
> リット、デメリット）、資産形成の視点にも触れる**ようにする。

　以上をまとめると、「リスクへの対応」をもっとも重視していることがうかがわれます。リスクに向け、多種類の金融商品の特徴を理解させ、資産形成の視点にも触れるとしており、初めて「資産形成」や「金融商品」という文言が取り上げられました。

（参考）科目「公共」2018年学習指導要領の「金融」の扱い

> ① 金融とは経済主体間の資金の融通であることを理解させる。
> ② 金融は家計や企業からの資金をさまざまな経済主体に投資することで
> 　資本を増加させ、生産性を高め、社会を豊かに発展させる役割を担っ
> 　ていることを理解させる。
> ③ さまざまな金融商品を活用した資金運用に伴うリスクと、リターンな
> 　どについて理解させる。

　家庭科の学習指導要領と異なる点は、とくに②で投資の社会的意義（社会的責任投資）を明記していることです。家庭科にはこの記述はなく、金融商品を「資産形成」の手段としてのみ扱っています。

3　新教科書における「金融商品・資産形成・投資」の扱い

10冊の教科書を比較して、特徴をまとめてみました。

＜参考＞「金融商品」に関する教科書の特徴的な記述の例

A	金融商品には（中略）異なった特性があるので、利用の目的や期間などに合わせて適切に選びたい。例えば絶対に確保しておきたい場合は安全性を重視して預貯金し、余剰資金は損失が出ることも想定しつつ、収益性を重視し、投資を選ぶなどである。政策的には社会保障の財源や年金制度が不透明であることから自助努力を求めており、貯蓄から投資へと促している。
B	（資料として金融商品のメリット・デメリットの記述あり）金融商品は支払ったお金以上の見返り（利益）がある場合もあるが、社会情勢や景気などにより損をしてしまう、あるいは価値を失うという可能性もある。金融商品の選択の際には、十分な情報収集を行い、利益と損失に責任を持つことが必要である。
C	着実に貯蓄をするためには、収入のうち決めた額をまず確保し、残りを消費に充てるようにする。定期預金や財形貯蓄などを活用するとよい。金融商品は目的や期間に合わせて安全性の高い方法で着実に蓄える資産と、積極的に運用してもよい資産の割合を見直しながら金融商品を選択し、家計資産を形成していこう。
D	自分自身で金融商品をしっかり調べ、リスクも考えたうえで選んで購入するかどうか、購入するとしたらどれくらい投資するか、十分考慮する必要がある。

① ほとんどの教科書が国の政策（貯蓄から投資へ）を取り上げている。

　　しかし、その内容には温度差があります。なかにはAのように「社会保障の財源や年金制度が不透明であることから、自助努力で生活の安定を図るように『貯蓄から投資へ』を国民に求めている」という、国の政策を記述している教科書もありました。これは「教育の中立」に反する恐れはないのでしょうか。

② 各社とも、金融商品を選択する際の３つの基準（安全性・流動性・収益性）については触れている。

③ 金融商品のメリット・デメリットについては、多くの教科書が取り上げている。

しかしメリットばかりで、デメリットの記述がないものが少数あり、デメリットについても「元本割れ」の可能性を指摘したものは半数以下でした。またＢのように損失を出しても「自己責任」としています。Ｄのように金融商品の単なるすすめではなく、金融商品とどのように付き合っていくか、生徒に考えさせている教科書は１冊のみでした。

④ 金融商品については、民間保険の有用性を説明しているものが半数以上ある。

種類、保険料、補償額などの情報は、高校生には必要か疑問です。

⑤ 投資による資産形成や運用を奨励しているものもある。

なかにはＡのように具体的に運用までアドバイスしているものがありました。また、利益非課税になる「NISA」を紹介（奨励）するものもありました。

投資の社会的意義（社会的責任投資）を取り上げたものは１冊のみで、それも本文ではなくコラムに掲載されていました。

全体的な「家計管理」については、Ｃのように教育資金や住宅資金など、絶対必要な費用は安定した「預貯金」で確保し、余剰金を消費や投資にまわすように指導している教科書もありました。

⑥ アメリカの投資教育の紹介もしている。

資産形成で日本は貯蓄が主、アメリカは投資が主で、学校での金融教育も盛んであることを紹介する教科書が少数あります。文脈から、日本人に投資に向かわせたい意図が感じられます。

　全体を通して、政財界の金融・経済政策に沿った内容の教科書が多くあり、「自助・自己責任」が前面に出ています。学習指導要領では金融商品などについては「触れること」とされているのに、運用まで指導している教科書も

あり、学習指導要領を超えて、国の政策に追従し先取りしたものと考えられます。

　科目「公共」の教科書 10 冊も検討してみました。学習指導要領「公共」で理解させることになっていた「投資の社会的意義」について取り上げているのは半数以下でした。投資のしかたについても半数以下ですが、「投資と投機の違い」「リスクの分散方法」を紹介しています。しかし、家庭科のように「家計のなかでどう運用するか」を書いたものはありませんでした。

　リスクとリターンについてはほとんどの教科書で書いていますが、家庭科に比べて非常に簡単に扱っているものが目立ちました。リターンに比べてリスクについての記述が少ないことは、「家庭科」と「公共」に共通した傾向でした。

4　資産形成や投資を家庭科教科書で扱うのはなぜか。その社会的背景

（1）社会保障の切り捨て

　金融庁はすでに 2003 年に「貯蓄から投資へ」をスローガンに掲げていました。

　表1から、社会保障給付費の内訳をみると、年金と医療の割合が減少しています。この2つは高齢者の生活を直接支える、社会保障の柱となるものです。さらに図1で、公的年金の財源をみますと、令和3年度で保険料より給付額のほうが約 17.6 兆円多く、赤字となっていますが、これを今までの保険料の余剰分である「年金積立金」と、一部を国からの「国庫負担」で補っています。以上から表1の年金割合のそのほとんどを加入者が払う保険料で

表1　日本の社会保障費に占める割合　　　　　　　　　　　　　（％）

	1990	2000	2010	2021
年金割合	50.1	51.7	49.6	45.1
医療割合	39.3	33.9	31.9	31.4

（国立社会保障・人口問題研究所「令和元年度社会保障費用統計」より）

図1　年金の財源

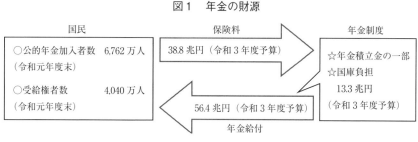

厚生労働省［年金制度の仕組みと考え方］より

賄っていることがわかります。少子高齢化の進行のなかで、公的年金制度の運用がより厳しくなることが予想されます。そこで国は社会保障制度を今まで以上に充実させるのは無理なので、国民には自助努力で資産を増やすよう、非課税のNISA等を奨励しています。

（2）金融市場の自由化と国際化

1971年の国際経済の変動相場制への移行を契機に、新自由主義の考え方から、世界的な金融自由化と国際化が進みました。日本も1983年から金融の自由化の動きを強めました。これにより、銀行、証券、保険業に分かれていた業務に相互に参入できるようになり、手数料自由化やさまざまな金融商品の販売が可能になりました。そして国の金融政策は、投資資金を大企業に集め、グローバル経済のなかで国際競争力を高めようとしています。

新自由主義の考え方からみると、社会保障は大きな政府をもたらし、経済の効率的な発展を妨げる存在となります。日本の社会保障の後退の一因として「経済の自由化」のかかわりも否定できません（堀川　2022）。

岸田首相はロシアのウクライナ侵攻やコロナ禍等により、国民生活を直撃している物価高への対策として「雇用と投資」を掲げました。投資の促進策として「資産所得倍増プラン」を強調していますが、低所得者には縁遠いものとして批判されています（『東京新聞』2022）。しかしこのことは、国の経済政策の柱として「投資」を位置づけていることを、これまで以上に明確に表明したといえます。以前からあるその流れのなかで、教育の場にも「投資」

が持ち込まれたものと推察されます。

（参考）文部科学省（文科省）の見解

　2021年3月23日の国会で、高校家庭科に金融教育が入った経緯について審議が行われました。文科省は「投資の奨励ではない。生涯を見通した家計管理の主旨から、金融商品の例として投資信託等を文科省の責任と判断で入れた」と答弁しています。

　しかし、現場の教員は学習指導要領や教科書に書いてあれば扱わざるを得ません。しかも専門的な指導ができないとなると外部講師に頼り、「どの金融商品を選ぶか」の授業になることが予想されます。文科省も学校の外部講師招聘を勧めています。

5　高校家庭科での金融教育、何が問題か？

　① 高校生に「投資」への抵抗感をなくさせている。

　教科書は金融商品のメリットに重点が置かれた記述で、金融に対する価値観が育まれる前に「投資」に抵抗をなくさせる意図が見えます。また不労所得の肯定は労働観を歪めることにつながる恐れがあります。

　② 国が個人の家庭生活を管理、主権者を育てる視点の欠如。

　家計管理の方法や投資の指南など、家庭生活に国が介入し、リスク管理も自己責任としています。それに過度に反応した教科書会社があり、社会保障政策後退などの国の政策を説明しています。

　③ 国が投資を奨励。

　十分な検討が必要ですが、投資にはその会社を応援し、豊かな社会づくりにつなげるという社会貢献的側面があります。しかしこの視点は家庭科の学習指導要領にはなく、資産形成（金儲けの投資）のみです。金融庁も投資信託で損を出した人は7割と認めている（加谷　2022）なかで、授業に金融機関から外部講師を招聘すれば、「投資のしかた」の授業になりやすいことが予想されます。

　④ 18歳成年制ともかかわり、若ものの消費者被害が増大する。

　日本でも若年向き金融商品が発売され、金融業界もこれからは若ものをターゲットにすることを明言しています。しかしアメリカでは、若もの向けのスマホ証券でだまされて自殺者が出るなど、大きな社会問題（ロビンフッド事件）になりました。日本でも同様な投資詐欺や多重債務問題が起きることが危惧されます。

　⑤　国民の経済的分断が進む。

　経済的余裕のある人は投資でさらに資産を増やし、経済的余裕のない、投資できない人は、資産を増やすどころか自助努力を求められ、資産を削る結果となります。国民間の経済格差が拡大し、分断が進みます。

6　私たちがめざす家庭科の「金融に関する学び」

　経済生活を主権者として考えるためには、金融教育（投資教育）だけを取り出すのではなく、生活全体のなかでお金について捉え直し、そのなかで金融教育を考えていく必要があると考えます。そして社会的視野をもつためにも、まず生徒の問題意識を掘り起こし、身近なお金に関する疑問を整理することから学習を始めたいと思います。そのうえで、経済生活をどう作るか生徒同士で話し合わせたいです。その過程こそ、主権者を育てることにつながると考えています。

[授業展開例]（2時間相当）

学習内容	予想される生徒の反応・備考
1．お金や投資に関して、今思っていることや知っていること、疑問などを出し合ってみよう	・コロナで家計が苦しい ・税金が高いと親がぼやいていた ・100円からスマホ投資ができるの？　やりたい！ ・おじいちゃんがやってくれてる「ジュニアNISA」って何？　など
2．投資って何？ 　　班で調べて発表しよう	・投資のメリット・デメリットを考えよう ・なぜ7割の人が損をするの？ ・なぜNISAを買わせて非課税にするの？ ・なぜ今「貯蓄から投資」なの？　など

3．あなたは投資をどう考えますか、話し合ってみよう	＊結論を出す必要はなく、生徒たちに自由に意見交換させたい。

参考文献

堀川珪一「いま、なぜ、金融教育か」『家庭科研究』2022年8月号、8-11

加谷禎一「投資で7割の人が損するって本当？」（朝日新聞デジタル）https://www.asahi.com/ads/start/articles/00387/

『東京新聞』(2022年6月4日・16日 朝刊)

注）本編は、教育科学研究会編集『教育』2022年10月号に掲載したものを再編集したものです。

9 「自助・共助・公助」って当たり前？

中川　千文

1 高校生は「18歳成年制」をどう捉えているか

2022年の4月から成年年齢が18歳になりました。当の若ものたちはこの「18歳成年制」と社会をどう捉えているのでしょうか。

そこで静岡市内の私立普通高校2年生129名にアンケートを行いました。アンケートを行う前に、「家庭基礎」の「家族」分野で、「18歳成年制」で生活がどう変わるかの概略は学習してありました。

Q1　あなたは「18歳成年制」を歓迎しますか

歓迎する 44.2% (57人)	世界は一般的に18歳成年制だから	11人	8.5%
	早く大人扱いされたい、自立したいから	10	7.8
	契約やクレジットが自分でできるから	35	27.1
	その他	1	0.7
歓迎しない 27.1% (35人)	今までより早く責任が重くなるから	13人	10.1%
	18歳は精神面で成人としてはまだ早い	12	9.3
	社会的トラブルの危険や、社会的整備不足	8	6.2
	その他	2	1.5
どちらともいえない 28.7% (37人)	関心がない	12人	9.3%
	18歳成年になっても何も変わらないから	14	10.9
	わからない	10	7.8
	その他	1	0.7

「18歳成年制」に対しては、歓迎するは半数以下でした。これは、導入の

経過が若ものからの要求からではなく、また、国民的議論が不十分でありながら、政府主導で決めたことが大きく影響していると思います。また歓迎する理由でもっとも多いのが、契約やクレジットを自分でできるからという、実利的理由でした。「18歳成年制」の理念の理解も不十分であるといえそうです。

Q2　「18歳成年制」で変わることへの関心度は

①18歳成年制に制度が変わったこと	3.2
②男女とも18歳になると、親の同意がなくても結婚できる	3.1
③選挙権を持ち、投票できる	2.9

（関心度は1〜5の5段階で数値化。1が最少、3が普通、5が最大）

「18歳成年制」について、17歳の高校2年生はそんなに関心が高いとはいえそうにありません。主権者としての大切な権利である「選挙権」についても残念ながら同様です。「18歳成年制」が社会的に話題になっていないことも原因の1つと考えられます。

Q3　18歳になったら投票に行きますか。その理由は何ですか

行く、たぶん行く 53.5%（69人）	権利だから国民として行くのは当然	42人	32.6%
	政治に自分の意見を反映させたいから	18	14.0
	自分が支持する個人や政党があるから	2	1.5
	その他	7	5.4
行かない、たぶん行かない 46.5%（60人）	面倒くさい、時間がない	21人	16.3%
	どうせ投票しても、何も変わらない	8	6.2
	誰（どの政党）に入れたらいいかわからない	29	22.5
	その他	2	1.5

Q2では「18歳選挙権」について関心は高いとはいえませんでしたが、実際選挙になったら「投票に行く」という生徒が半数以上いたことに安心しました。学校教育で政治の動向も含めて「主権者教育」をさらに進めること、また若ものが投票に行きやすい環境づくりも必要ではないでしょうか。

Q4　日本では政策として、社会保障は「自助」を基本とするとしていますが、それに対してどう考えますか？

自分のことであり、他に迷惑をかけたくないので当然である	47人	36.4%
自分や家族だけでは限界があるから、隣近所で助け合うのが良い	21	16.3
自分や家族だけでは限界があるから、公的福祉が基本的に大切	51	39.5
その他	10	7.8

　思ったより「自助意識」が高くなく、「公助」と拮抗した結果でした。しかしその他の意見に「公的福祉にかけると税金が高くなる」「あれだけ生活支援をしているのだから、自助を基本にしているとは言えない」等の「公助」に対する批判や疑問も見られました。

2　「自助・共助・公助」を学習指導要領ではどう扱っているか

　新旧の高校家庭科学習指導要領で「自助・共助・公助」に関する記述を比較しました。また「学習指導要領解説」から＜解説＞として具体的内容を記載しました。

（1）2009年学習指導要領（「家庭基礎」）での扱い
　旧学習指導要領では「（1）人の一生と家族・家庭及び福祉」の「エ　共生社会と福祉」で以下のように述べられています。

　生涯を通して家族・家庭の生活を支える福祉や社会的支援について理解させ、家庭や地域及び社会の一員としての自覚をもって共に支えあって生活することの重要性について認識させる。
＜解説＞だれもが自分の力を生かし、他からの援助も得ながら安心して暮らせる社会をつくることの重要性を認識させ、（中略）個人や集団がどのようにつながり助け合ったらよいか（後略）。

　内容的には自分の力と助け合いを重視し、自助・（互助）・共助をうたっていますが、具体的に「自助」等の文言は用いていません。

（2）2018年学習指導要領（「家庭基礎」）での扱い

　新学習指導要領では「A．人の一生と家族・家庭及び福祉」の「（5）共生社会と福祉」で、以下のように述べられています。

> イ　家庭や地域及び社会の一員としての自覚をもって共に支えあって生活することの重要性について考察すること。
> ウ　自助、共助及び公助の重要性について理解できるよう指導を工夫すること。
> **＜解説にあるキーワード＞**
> ・自立的な生活、地域の人々の支えあい
> ・国や自治体などの制度や行政サービスなどの制度の支援体制という支えあい
> ・自助・共助・及び公助の概念だけでなく互助も含めたつながり
> ・互いに支えあう社会を実現するために、個人や地域社会がどのような役割を果たし、つながっていけばよいか

　今回、初めて内容だけでなく、「自助・共助・公助」という政策的な文言が入りました。また解説を読むと、自立、支えあい、協力・協働、個人や地域社会の役割など、「自助・共助」を示す言葉が多用され、強調されています。それに対して「公助」はあくまで「支援」としています。

　科目「公共」の学習指導要領はどう記述しているかみてみます。

> ①自分でそれに備えたり対処したりするだけでなく、近隣住民などと互いに助けあうことや、行政による対応が欠かせない。
> ②自助・共助・公助が最も適切に組み合わされるようにようにするにはどうすればよいか、多面的・多角的に考察・構想・表現する。

　家庭科と異なり、「自助優先」とは言っていません。三助の「組み合わせ」を重要視しています。

3　教科書は「自助・共助・公助」をどう扱っているか

新家庭科教科書10冊についての「自助・共助・公助」に関する特徴的な記述の例をあげてみます。

A	（人生のリスクに直面した時）私たちはまず自分や家族の努力や企業などからサービスを買うこと（自助）、あるいは親しい友人や地域の人々の相互の助け合い（共助）で対処しようとする。これだけでは対処が難しい場合には、公的な社会保障制度に基づくサービスや支援（公助）を利用する。
B	（中略）保険は大勢の人々がお金を出しあい、互いに助け合うことで成立している。（＊資料として民間保険の種類、保険料、保障額等を詳しく説明している。）
C	「○助」という言葉は、主に1990年代頃から自然災害の防災・避難のあり方を示す理念として使われてきた。しかし今は、社会保障・福祉の理念を意味する言葉として使用されるようになっている。このことについて、皆が助け合うことだからいいことだという声と、制度に責任を持つ行政の役割と、市民相互の助け合いは区別すべきではないかなど、異なる声もある。
D	4助の分類だけの説明で、関係性の記述はない。

（1）「自助・共助」が強調され、「公助」は補助的扱いとされている

　2でも述べたように、新学習指導要領では「自助・共助」が強調されています。教科書もそれに対応して、多くの教科書がAのように、まず「自助」で、次いで「共助」での対応をすすめ、それらを補うものとして「公助」をあげています。

　「自助」については、Bのように保険、とくに「民間保険」の有用性を重視したものが多く、これは「金融商品」の箇所の記述傾向と一致します。また「自助」については、「助けを求められる勇気・相手・場所」をもつこと、「共助」については、「地域に協力・協働することが自立や職業選択につながる」と、非常に倫理的な記述をしている教科書もありました。経済生活や将

来の生活設計で「自己責任」を果たすこと、地域への協働活動を促す内容は、とくにホームプロジェクトや学校家庭クラブ活動での記述とも呼応しています。

　「公助」については、多くの教科書が憲法第25条をふまえてはいるものの、他の3つの補助として位置づけられています。またCのように「自助・互助・共助・公助」について、私的なものと公的なものという異質なものを区別せずに議論することにも疑義がありますが、それを書いているのは1社（1冊）のみでした。Dのように、「○助」の説明はあっても、それぞれの関係性の記述がないものもありました。

（2）「自助・互助・共助・公助」の定義が教科書により差異がある。

　「新家庭科教科書」10冊の「○助」の分類内容を比較したところ、教科書により定義がまちまちでした。以下に一覧表にまとめました。

　表の太字は分類が異なっている事項です。このように「自助・互助・共助・公助」の定義が教科書によりまちまちです。これはもととなる「自助・共助・公助」が、災害時の対応としての文言であり、学問的な定義がなされないままに、政治的にも使われてきた背景によると考えられます（二木　2021）。

3区分	自助	共助	公助	
・従来の災害時 ・学習指導要領 ・新教科書1冊	自分・家族	地域	国・地方自治体の公的援助 （社会保険、社会福祉）	
4区分	自助	互助	共助	公助
・新教科書4冊	自分・家族	地域や ボランティア	社会保険	社会福祉
・新教科書3冊	自分・家族	地域	NPO ボランティア	社会保険 社会福祉
・新教科書1冊	自分	家族・地域	社会保険	社会福祉
・新教科書1冊	自分	友人や親戚 （地域？）	NPO ボランティア 社会保険	社会福祉

4　なぜ今「自助」の強調なのか？「三助」の社会的歴史をたどる

① はじまり

江戸時代、米沢藩九代藩主上杉鷹山が、藩を立て直すために「三助」を唱えたのがはじまりといわれます。三助とは「自助」（自分）、互助（近隣）、扶助（藩）を指していました（warakuweb　2020）。

② 公的年金制度スタート前（1961年以前）

自分で老後に備え資産づくりをしたり、子が親の面倒をみる（自助）あるいは親戚や地域で助け合う（互助）が中心でした。

③ 公的年金制度開始後（1961年以降）

老後は社会全体でみるべきとして、社会保険による公的年金制度（4区分の共助）がはじまりました。一方、生活困窮者には、1950年から「憲法第25条による最低限度の生活の保障」と「自立の助長」という柱のもと、生活保護（公助）が適用されていました（谷川　2020）。

④ 2度の大震災を経て「自助・共助・公助」の登場頻度が増加

1995年の阪神淡路大震災を経て、1999年頃から地方議会で「自助・共助・公助」が多く取り上げられるようになり、とくに2011年の東日本大震災後は急増しました。自助（自分や家族）・共助（近隣）・公助（自衛隊や国・県）による災害対応や防災が検討されてきました（牧瀬　2020）。

⑤ 国の社会保障の基本理念として「自助」を明記

国の「社会保障の在り方に関する懇談会最終報告書」（内閣官房　2006）は、我が国の社会保障の基本的考え方は「自助」を基本とすること。これを生活のリスクを相互に分散する「共助」が補完し、そのうえで、自助や共助では対応できない状況に対して、公的扶助や社会福祉などを「公助」として位置づけるとしています。

⑥ 菅前首相の「自助・共助・公助、そして絆」

2020年9月、就任した菅首相（当時）は政策理念として「自助・共助・公助そして絆」を掲げました。これは事実上「自助」を重視し、「共助」で

補う考え方で、国会では、「自助努力を迫る自己責任論が強まるなか、追い込まれても公助を頼ることをためらう風潮が広がっている」と野党から批判されました（TOKYO Web　2021）。

　主に災害時の対応という防災・減災の分野で用いられていた「自助・共助・公助」が、いつしか保険や年金などの社会保障の分野で用いられるようになってきたことがわかります。⑤でも述べましたが、とくに2006年の国の「社会保障の在り方に関する懇談会最終報告書」が「自助」を基本とする方向性を決定づけ、安倍・菅・岸田政権にも引き継がれました。

5　私たちがめざす授業・私たちがめざす社会
──「自助」は「公助」がないと実現しない

　「自助」は個人の経済的安定がなければ成り立ちません。しかし国の政策により正規雇用が減り、非正規雇用が増えています。（表1）また、非正規雇用の増加に伴い、日本の平均給与は年々減少しています。（図1）さらに現在のコロナ禍により、経済的に不安定な国民が増えているなかで国民に「自助」を求めるのは矛盾しています。

　緊急事態でない日常では、我々は否応なしに公的サービスによる「公助」の状態に置かれるのが基本といえるでしょう。「自助」はすでに「公助」のうちなのです。憲法第25条の生存権に立脚し、雇用の保障及び社会保障の充実、すなわち「公助」を基盤とした社会を構築しないと、国民生活の安定

表1　日本の非正規雇用者の割合

1990年	20.0%	
1995	20.8	
2000	25.8	＊非正規労働者には、パート、アルバイト、派遣社員、契約社員、嘱託などが含まれる
2005	32.2	
2010	33.6	＊「労働力調査」（総務省統計局）による
2015	37.6	
2020	37.8	

図1　日本の平均賃金の変化

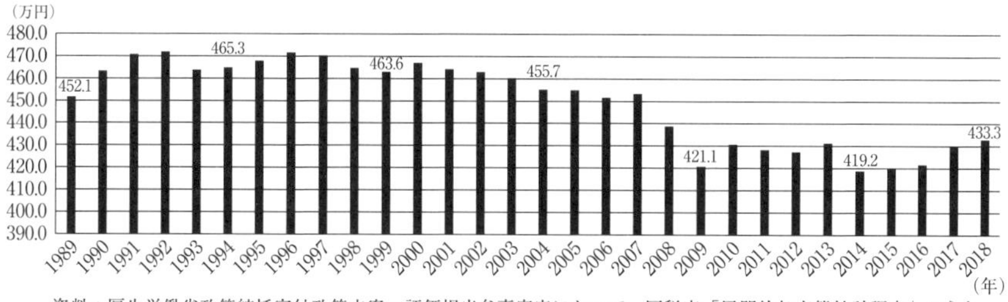

（万円）

資料：厚生労働省政策統括官付政策立案・評価担当参事官室において、国税庁「民間給与実態統計調査」のうち、
　　　1年勤続者の平均給与を2015年基準の消費者物価指数（持ち家の帰属家賃を除く総合）で補正した。

は実現しないと考えます。

　日本の雇用は男性が主な稼ぎ手で、社会保障もその男性が病気や失業したときに対応するものです。保育や介護は社会保障ではなく、家庭の主婦が無償で担うことが期待されてきました。また現役世代への公的支援が少なく、非正規労働者は女性だけでなく、男性にも広がっています。

　それに対して欧州、とくに北欧では雇用が保障され、失業しても雇用手当や再就職のための職業訓練が充実しており、国民は納税者として社会保障を支える「生活保障」という政策がとられてきました（宮本　2009）。日本でも参考にできる点があるのではないでしょうか。

　「自助」を基本とすることは、我が国の社会保障の後退と表裏一体です。私たちは「自助」が重視される社会的背景をしっかり把握し、主権者として、これからの社会を生徒たちと共に考えていきたいと思います。

（参考）「自助・共助・公助」授業案（2時間相当）

学習内容	予想される生徒の反応・備考
1．今困っていることや不安なことは何？	＊家族・地域・自分・社会全般について出し合う
2．日本の奨学金制度について考えよう。（班での調べ学習）	・しくみや起きている問題（自助の例として） ・なんで「教育ローン」と呼ばれるの？ ・銀行と奨学金の利子の比較 ・外国の奨学金制度　など
3．どんな制度に変えたい？	＊どんな奨学金制度にしたいか、意見交換する。行政に意見を届けることも検討してみよう

参考文献

「自助・共助・公助」『東京新聞』TOKYO Web、2021.1.18

牧瀬稔（2020.12）「90年代から登場した『自助、共助、公助』って何だろう？」月刊
　　『事業構想』

宮本太郎（2009）『生活保障』岩波新書

二木立（2021）「『自助・共助・公助』という分け方は適切なのか？」季刊『社会運
　　動』442号

谷川昌平（2020）「日本の年金制度の始まりはいつから？ 歴史とは？」ほけんROOM
　　マネー・ライフ

10 生徒を励ます「生活設計」を

石引　公美

1　学習指導要領のトップになった

　生活設計は、2018年学習指導要領では家庭科のトップに位置づけられ、「導入として」また「まとめとして」扱うことと、具体的に指示されています。

「家庭基礎」
2　内容
A　人の一生と家族・家庭及び福祉
（1）生涯の生活設計
ア　人の一生について、自己と他者、社会との関わりから様々な生き方
　　があることを理解するとともに、自立した生活を営むために必要な情
　　報の収集・整理を行い、生涯を見通して、生活課題に対応し意思決定
　　をしていくことの重要性について理解を深めること。
イ　生涯を見通した自己の決定について主体的に考え、ライフスタイル
　　と将来の家庭生活および職業生活について考察し、生活設計を工夫す
　　ること。
3　内容の取扱い
イ　内容のAの（1）については、人の一生を生涯発達の視点で捉え、各
　　ライフステージの特徴などと関連を図ることができるよう、この科目
　　の学習の導入として扱うこと。また、AからCまでの内容と関連付け
　　るとともにこの科目のまとめとしても扱うこと。

　その背景には、2022年4月、18歳成年が民法上においても施行されたことがあると考えられます。

　新学習指導要領の実施予定年以前に、2019年には「自主的かつ合理的に

社会の一員として行動する自立した消費者の育成のため、また、若年者の消費者被害防止・救済のため」「家庭基礎は、1・2年のうちに履修させる」とカリキュラムに踏み込んだ通知（2019年3月28日付）が、初等中等教育局から出されており、若ものに早期の自立を求めています。

　2009年学習指導要領には「家庭基礎」では「生活の自立及び消費と環境」のなかに生活設計はありましたが、今回はトップに位置づけられ、広く生活全体を通して生活設計を考えるようになったことは評価できます。しかし、逆に自分の生活設計で生活全体を規制するようなことにならないようにする必要があると思います。

　家庭科では、これまでも「生活設計」は扱われてきましたが、教育、住宅、老後のいわゆる「3大費用」をどう準備するかなどの経済計画、いつ結婚して何人子どもをつくるかなどの家族計画として考えられる側面が大きかったといえます。

　学習指導要領では「自己と他者、社会との関わりから様々な生き方があることを理解する」と書かれていて、家族観、人生観についても、新しい時代の違ったイメージを考えるチャンスだと思います。自己決定の重要性が書かれていますが、憲法に基づいた、個人の多様な自己決定を可能とする公的支援にも視野を広げ、現代社会をどう捉え、どう働きかけてどう生きるかの生活設計を考えさせ、地に足のついたものとしたいものです。

　「大人」として人生の自己決定ができる年齢にもうすぐなる、ということを肯定して自信をもつことのできる「生活設計」の授業を、生徒と一緒に作りあげたいと思います。

2　教科書に書かれた生活設計

　次ページの表1に、「家庭基礎」の教科書10冊の特徴・問題点をまとめました。

　各教科書とも、生活設計については充実した記載がされていますが、自分らしい人生、なりたい自分のために発達課題を達成するという考えが強く、

表1　「家庭基礎」教科書の特徴・問題点

ア	イ	ウ	エ	オ
人生の連続性について考えさせているのはよい。生活のリスクに対しては「自助」が強調されている。	章ごとに「お仕事紹介」があり、生活全体に経済優先が感じられる。記述が道徳的な面があるが、逆に主権者を育てる視点もある。	人生100年時代について、社会の課題として書かれている。「民間保険」を詳しく紹介し、「自助」優先の姿勢である。	自立のなかに他者へ助けを求めることが書かれていてよい。「民間保険」を詳しく紹介し、「自助」優先の姿勢である。	他と比べて簡単に書かれている。「民間保険」の有用性を説き、「自助」優先の姿勢である。

カ	キ	ク	ケ	コ
人生の話が、人生に様々な選択肢があり、道はいつ変更してもいいというメッセージになっている。他社と違い、自助よりも公費を使う「社会保険」や「公的扶助」を詳しく説明している。	「家庭科の見方・考え方」をあてはめた考えをゴールの例として挙げており、発達課題が与えられたもののように感じられる。「自助」と「社会保険未納のデメリット」を強調している。	一般的な高校生をイメージさせるキャラクターの場合と、自分を比べる。非人間的。憲法第25条の記述もなく、「自助・共助」を強調している。	自分らしい人生、なりたい自分のために発達課題を達成するという考えが強く、教条的。憲法第25条の記述もなく、「自助・共助」を強調している。	人生ライン上に教科書の目次が書かれていて、生活設計を考えながら学ぶことが分かる。憲法第25条の記述があり、「公助」を良く説明している。

教条的ともいえる表現も散見されます。また、教科書の最初と最後に同じチェックがあるものは、自分の足りないところを埋める、という発想を生徒に強いることにもなります。

　生活のリスクについても、まず「自助」をあげており、とくに民間保険を勧めている感があります。「公助」の視点が弱い教科書が多く、自己責任を自覚させるよう促していることは、大いに問題です。

　ライフステージの課題が載っている教科書が多いですが、生徒にとっては、それは他から与えられた課題で、社会のなかで役割を果たすことがゴールと思われてしまいます。

　このような教科書の生活設計の取り上げ方は、まずゴールを設定し、足り

ないところを埋めるという、PDCA の考え方そのものです。PDCA は、経済におけるモノの管理の考え方であり、ヒトの営みのプランではありません（第Ⅱ部1参照）。生徒に強制することで主体性を失わせます。

3　自立に追い立てられ無力感を感じる子どもたち

　学習指導要領では、「導入として」扱うと指示があることで、どのように「生涯を見通」し「生活課題」を捉えるのかが、よくわからなくなっています。生活のことを学ぶ前に「意思決定」をさせるような構成が問題です。

　現代社会は今後の変化が見通せないので、まず将来目標を定める、という学習のはじめ方は、高校生にやれないことを自己規制させてしまう懸念があります。また、高校生は目標をもっていない人のほうが多く、これからのいろいろな人との出会いで人生は変わっていくのに、先にゴールを考えなければならないのは無理があります。

　具体的な自分の将来像を描けないことで、不安に思ったり、自己否定する生徒は多くみられます。迷っている生徒には、目の前の目標、日々の生活を一生懸命やることの結果として、将来を考えてもいいと言ってあげたいと思います。

　国際的にみても自己肯定感が低く（第Ⅰ部1参照）、コロナウイルス感染拡大による困難のなかで子どもの自殺が増加している現状から鑑みても、不確定な状況で目標を考えさせることで、無力感や自己否定に生徒を追い込むのはやめたいと思います。

　意思決定の重要性は、学習指導要領に書かれていますが、教科書でも意思決定した後の重要性について書かれているものは、あまりありません。

　以下は、生活設計について筆者からのメッセージです。授業の教材として使っていただければと思っています。

> **人生における意思決定（高校生へのメッセージ）**
>
> 　人生にはさまざまな岐路があり、その時々でどの道を進むか、意思決定しなければならないことがあります。しかし、人生における意思決定は、「選んで終わり」ではありません。その後の行動によって、失敗や成功などの結果に直接影響をおよぼすことがあります。意思決定して何かを選ぶと、新しい資源（お金、時間、人、モノ、場所など）を手に入れることができます。それらを有効に使って、「今後の行動が結果に影響する」ことを意識して努力することが必要です。
>
> 　例えば「高校に入学する」という選択をしたら、その高校の施設・設備、先生、学友、カリキュラム、部活動、高校の所在地の地域など、あなたの資源を手に入れたことになります。これらを使って自分の能力や感性を磨くことによって、学業の成果を上げたり希望どおりの進路に進んだりできるということです。
>
> 　意思決定したら、自分の選択を必ず良い結果に結びつけるんだという意思をもって、予想外の出来事があっても改善の道を探り、あきらめないことが大切です。

4　変化する社会に対して主権者意識を育てる

（1）人生100年時代と社会の変化

　情報化・デジタル化の進展により職業にも大きな変化が起こりつつあります。働き方でも年功序列や終身雇用は常識ではなくなって、転職や副業（本職のほかに仕事をもつこと）・複業（複数の仕事をもつこと）も普通のことになってきています。テレワーク（telework オフィスと離れた場所で働く）はコロナ禍で、多くの人が経験し可能なこともわかりました。

　また、住居は、多くの人にとって、ローン（借金）をして購入するもっとも高価な買い物となり、生活設計を崩している現状があります。長期の住宅ローンや遠距離通勤、災害で住居を失うこともあり、どこに住むか、災害に遭わないようにするにはなど、生存権の保障として住居を考える必要があります。

　コロナ禍では真っ先に学校が休校させられ、その後もリモート授業が拡大

しています。ビジネスのオンライン化と同じように学校の学びもオンライン化が進んでいます。教育の商品化（学習塾・家庭教師・模擬試験・資格試験など）が進み、その環境の良し悪しによる教育格差も問題です。

　50年後の社会を想像しただけでも、人口減少社会、気候変動、災害などで、大きな自然環境・社会環境の変化も予想され、個人の予測の範囲で決められる人生設計が可能なのだろうかと思います。

（2）生活設計で主権者意識を育てる

　これらの不確定な問題に目をつぶって自己決定させることは、ますます社会と自分との断絶を招き、主権者意識が育つのを妨げ、必要な社会的資源にアプローチすることもできなくさせます。18歳になる・なったからといって大人になるわけではなく、また高齢者に突然なるわけでもなく、現在の生き方の延長上にあるので、高校生が現在の自分の問題として、子どもや高齢者、衣食住の生活、家族や労働の問題を学び、社会にどう働きかけていったらいいか考えられるようにしたいものです。

　憲法第13条（個人の尊重、生命・自由・幸福追求の権利の尊重、公共の福祉）、第25条（生存権、国は国民の生存権の実現に取り組む）を学んで、生活設計を考えれば、どうすればよいかを個人と社会の両面から考えることができます。

　人生100年時代について、個人の課題としてだけでなく社会の課題として書かれている教科書があることは、特筆すべきです。人生どう生きるかを社会の問題解決と重ね合わせて考えさせることは、主権者意識を育てることになります。

5　社会的資源を活用できる生活設計を考える

（1）人生の連続性を感じられるようにする

　新しい教科書では、さまざまな職業についている人やさまざまな課題に取り組んでいる人に、その人の生き方とともにインタビューしていて、示唆を

与えられます。人生の話が、人生にはさまざまな選択肢があり、道はいつ変更してもいいというメッセージになるようでありたいと思います。

　高校生が実感をもって自己理解し他者理解するには、人と人との対面でのやりとりが欠かせません。家族や友人だけでなく、さまざまな立場のさまざまな年齢の人との接触のなかで、さまざまな人生モデルを知ることで、自分の人生設計を、実感をもって考えることができるのです。

　生活設計を考える場合には、社会をどう認識するかが重要ですが、それは家庭科の授業だけでなく、他教科や学校生活、家庭生活、メディアからの情報の受け取り方など、その生徒独自の経験があります。生徒のリアルな体験を保障する教育環境が必要になります。

（2）セーフティネットを活用できることが必要

　自立のなかに他者へ助けを求める力が書かれている教科書があります。また、生活リスクへの対応として、社会的資源の積極的活用を当然のこととして書いているものもあり、高校生へのエールとなります。「自立」のなかには「共生」の力が含まれるという理解が必要です。

　変化の激しい現在では、社会保障、生活資源をどう活用しながら生き抜くか、セーフティネットを意識していくことが欠かせません。自助努力・自己責任を超える視点が必要です。生活設計を考える際にリスクを見させないと、自助努力になってしまい、出口がなくなってしまいます。何があっても大丈夫、と励ます内容にしたいと思います。

（3）授業のアイデア

表2　生活設計の授業例

	ねらい	進め方
授業1 さまざまな人生についての話を読んで考える	① 社会環境や周囲の状況で人生のさまざまな局面があることを知る。 ② 自分の人生設計やこれから出会う問題について考える。 ③ 他者と話し合い、考えを交換する。	① 配布資料を読んで、人生において出会う問題を書き出す。 ② 印象的だったものや驚いたもの、共感するものなど選び、理由を書く。 ③ グループで個人・社会の両面から、問題への対処を話し合う。 ④ グループでの話し合いの内容を発表し、全体で共有する。
授業2 さまざまな年代の人にインタビュー	① さまざまな人生の局面に人に出会う ② 人生の連続性を考える ③ 自分の人生設計やこれから出会う個人的・社会的問題について考える。 ④ 他者と話し合い、考えを交換する。 ＊年代の違う4人の例 ① 小学4年生以下　② 学生　③ 既婚の大人　④ 高齢者（65歳以上）	① 年代の違う4人の人に3つの質問（主にやっていること、打ち込んでいることや楽しいこと、大切な人）を聞いてくる。 ② グループで表にまとめ、それをもとに人生で出会うことについて話し合う。 ③ グループでの話し合いの内容を発表し、全体で共有する。

表３　資料　表２の授業１の配布資料

A　父は寝たきり状態で施設に入っています。先日ケアマネさんに「お父さんはとても良く食事を食べてくれて、周りの人にいい影響を与えてくれているんですよ。」といわれてびっくりしました。認知症で食べること以外何もできない父ですが、一生懸命できることをやっているのは意味のあることなんだと知りました。父のそれまでの人生もそのように過ごしてきたのだろうと尊敬する気持ちです。だって、認知症になってからそうしようと思ってもできないでしょう？

B　２人の子どもを育てつつ保育士として働いてきましたが、57歳のとき夫が病気で亡くなり、その直後、自分も大病をして７年間闘病生活をしました。今はすっかりよくなり、食生活改善推進員や地域の観光案内のボランティアをやっています。孫がやはり保育士をめざして、親元を離れ勉強しています。「おばあちゃんと私は一人暮らし、仲間だね。」といって気にかけてくれて、私が料理を教えたり、孫にスマホの使い方を教えてもらったりして、情報交換しています。

C　結婚して24年になりますが、ウチには子どもはいません。私たち夫婦は同い年でずっと共働きしてきました。妻のほうは父親が病気をして介護が始まりました。私の友人が「子どもがいなくて、夫婦で何の話をするんだ？」と聞くので「君のところは、子ども以外の何の話をするんだ？」と聞き返しました。すると彼は、「そうか、夫婦関係は君のところのほうが豊かなのかもしれないな。」といっていました。

D　私の家は農家でしたが、昔は名主などもした旧家です。母は女ばかりの姉妹の長女だったので婿取りでした。私も妹が一人いるだけでしたので、見合いをして婿を迎えて家を継ぎました。子どもは男の子が２人です。母は私に「子育ては尊いけれど本当に大変な仕事。子どもは２人でいいんだからね。３人目の子どもにかけるお金や気遣いを、社会の子どもにかけるようにして、世の中のことを忘れてはいけないよ。」といっていました。

資　料

諸外国の学習指導要領・教科書の制度

1　学習指導要領に基づく教育体制

　世界を見まわすと、アメリカやドイツのように、分権が明瞭な州や地域別に教育基準はあるが、国の定めた学習指導要領がない国がある。イギリスが地方別の基準をやめ、国の学習指導要領を定めたのは、1980 年代後半である。

　1）戦後日本における学習指導要領の経緯──消えた「試案」

　戦後、日本での学習指導要領は、1947 年、「学習指導要領（試案）」として出された。「試案」は、戦前の教育の反省のもとに、国の教育の指針を絶対なものとして捉えるのではなく、各教師が工夫・創造する「参考」であることを意味していた。しかし、朝鮮戦争（1950 年代初頭）を契機に、経済の高度成長政策に乗り出すことになった日本は、小学校は男女共学のままであったが、中学校は、部分的に男女別の分野があったが、基本的には男女共学の職業家庭科は、男子に「技術」を、女子には「家庭」という男女別の教育課程に変更した。高等学校では、男子に「体育」女子に「家庭」という性別の教育課程は 1963 年から実施された。国をあげての経済力増強に、邁進することになった。それが 1958 年のことである。同時に学習指導要領から 1958 年には、「試案」を消し、教師の教育活動を拘束するものとなった。それ以降現在まで、60 年かた、この体制は変化していない。

　2）内容の指示と詳細な「解説書」

　他国の多くの教育課程は、ガイドラインのような内容の骨子が示されているのに対し、日本の学習指導要領は、「内容」に加えて、詳細な「解説」がついているという点に特徴があるとされる。「解説」は、単なる親切な説明書ではなく、方法や教材が例として示され、教育の自由な発想を抑え、時には教科書検定の合・不合の判断にされるなど、学習指導要領をさらに詳しく補足するものとなっている。

　以上の意味で、学習指導要領の設置は他国でもあるが、日本の場合は、内容の詳細な指示が多くかつ、その内容の強い拘束性が特徴である。

2　教科書中心の教育体制

　1）検定教科書

　戦前、日本の教科書は「認定」から「検定」、そして小学校では 1904 年に「国定」が、中学校では 1943 年から，使用された。この弊害が大きかったことから戦後は、検定制度として発足している。しかし別表のように、検定制度を敷いている国は、多くない。

表1　諸外国の教育課程基準の作成者

1　国ではなく各州が作成	
アメリカ合衆国	国の教育課程基準はない。各州が、学会 研究会、協議会等の作成する全米基準等を参考に、大綱的な教育課程基準をつくる。。
ドイツ	国の統一した基準はない。16ある州ごとに学習指導要領等が作成される。作成は多くの州で州教育研究所が行っている。
オーストラリア	各州が作成する。現在ナショナルカリキュラムを開発中。
2　国が作成するが、国から財政支援を受ける学校に適用、もしくはそれを基に各地方自治体が作成する	
イギリス（イングランドの場合）	政府による財政支援を受ける維持学校は国の定めたナショナル・カリキュラムを実施する。財政支援を受けない独立学校は、ナショナル・カリキュラムに基づいて教育を行わなくてもよいが、この学校に在籍する生徒は、国家の規制のもとで行われる試験を受験し、資格を取得して進学、就職する。
フランス	教育省が作成する。公立学校と、国とから財政支援を受ける私立教育機関に対して拘束力を有する。なお学習指導要領の作成に際しては、教員や保護者、さらに生徒らとの協議を重視している。
フィンランド	国が作成する。これに基づき自治体が地方レベルの基準を定める。学校レベルの教育課程を認めているところもある。
3　国が作成する	
シンガポール	国・教育省が基準を作成するが、7割を占める国立の初等・中等の学校と政府補助校は、基準に従ってカリキュラムを編成する。
中華人民共和国	国の教育部が作成する。これを基に自治区・直轄区が地域内の基準を策定する。
韓国	国の教育科学技術部が決める。
台湾	国の教育部が「課程綱要」という基準を決める。

出典：下記をもとに筆者作成

フランス：国立教育政策研究所『諸外国の教育課程（2）―教育課程の基準及び各教科の目標・内容構成等―』（2007）

フランス以外の国：国立教育政策研究所教育課程研究センター『諸外国における教育課程基準―近年の動向を踏まえて』（2013）

＊諸外国の教育課程の調査研究は多いとはいえず、上記の文献は2007・2013年の刊行であり、やや古い。しかし、その国の状況をおよそ汲み取ることができると判断し記述した。1、2、3の分類は筆者。

2）使用義務→教科書に沿った指導計画→教科書に準じた指導教材

　日本では学校教育法で教科書の使用義務を謳っているので、教員の70数％が教科書を使用しているといわれるが、英国では教科書の使用の義務がないので、教科書の使用率は低い。

　日本では、学習指導要領→検定教科書→使用義務→指導計画→学習指導要領に準拠した教材の使用と学習指導要領に基づく教育の徹底はすきまなく、徹底した国の教育管理が見える。この制度は子どもにどんな長短をもたらすだろうか。また日本でも高校ではこれほど徹底しておらず、超受験校ほど、教科書の使用率が低いと言われる。

表2　諸外国の教科書制度と使用義務の有無

	韓　国	シンガポール	デンマーク	アメリカ
国定・検定・認定などの制度	国定・検定・認定の制度がある。	国定・検定を併用。	自由発行制度。	国としての制度はとくにない。ただし各州・各学区のガイドラインに合っているかどうかが検討され、合致しているものが、公費で購入可能な教科書として、選定リストに載る。
使用義務	使用義務がある。	使用義務はない。ただし授業での使用・参照の頻度は高い。	使用義務はない。教員はさまざまな教材から児童生徒に適した教材を適宜使用している。主たる教材のひとつとして教材が使用されている。	使用義務はない。

	イングランド	ドイツ	フランス	オーストラリア
国定・検定・認定などの制度	自由発行制度。中等学校、後期中等教育では、外部試験団体の試験詳述書に準拠した教科書が発行される。	認可を行っている州（12州）と、行っていない州（4州）がある。	自由発行制度	自由発行制度
使用義務	使用義務はない。	使用義務はない。	使用義務はない。	使用義務はない。

海外教科書制度調査研究報告書（令和2年3月31日公益財団法人教科書研究センター）等を基に著者作成。

あとがき

　家庭科の 10 冊の教科書は、同一教科書内でも、分野によって書き方は異なるものの、おおむね学習指導要領のとおりか、その意図をより強化した内容のもの（A）、学習指導要領にない見解を加えているもの（B）、AとBの中間的なもの（C）の3つに分類できるように思われました。また、課題の取り上げ方は、持続可能な社会については、一社を除いてより積極的に位置づけていますが、目標 12 の「つくる責任・使う責任」に顕著なように、その解決のしかたの多くは、自分たちでできる身近なことを取り上げ、家庭科での視点は、身のまわりにとどまっている傾向が見られました。斎藤幸平が『人新世の「資本論」』（集英社新書　2020）で「持続可能な社会の取り組みはアヘンである」と揶揄したことを思い出します。

　これについては、「身近なことをできることから実践する、これが家庭科の勉強だと肯定的に捉える見方」と、いや、「視野はグローバルに行動は足下から」という、「現代人に求められる資質を欠いている」という異なる見解がありますが、読者のみなさんはどう考えるでしょうか。

　教科書を分析し、本書の執筆にかかわった「高校家庭科教科書検討会」で、本のタイトルを考えるとき、"家庭科の変革"、または"いのちと暮らしの学びの変革"など、家庭科を変えたいという思いが図らずもだされました。何を変革するのか、その一つは、コロナウイルスの全世界への感染蔓延による人間の生存を脅かす困難のゆがみが教えてくれた、国内のマスクや薬の提供状況から得たことがあります。今ではマスクなど改善に向かっていることもありますが、いのちにかかわる物品も、日本はかなり輸入に頼っているというのが現実です。また、地球規模の気候危機は、世界の食料生産に影響を与え、世界の食料不足の危機を招くであろうという試算を専門家が出していることを知ったこともあります。先進国のトップという高い食料輸入率を占めている日本は、今後、輸入で食料を補うことは不可能なことが予測されると

き、PDCA という身のまわりの実用的なことでとどまる家庭科の学習では、いのちさえも守れないのではないかという思いからでもありました。

　ところで、視野を身のまわりにおくことは、問題を具体的にリアルに考えることができるというプラス面といえますが、視野を身のまわりにとどめ問題の原因を個人に求めることが多々あり、個人の問題に落とし込むというマイナス面があります。

　1960 年代、第二派フェミニズムは、「個人的なことは社会的なこと」と喝破しましたが、それからずいぶん長い年月が経つのに、このことが日本では理解されているとはとてもいえません。母子家庭の著しい低収入を据え置きにし、表にでてはいませんが、離婚した女性への陰口があったりします。性暴力の被害にあった女性へのバッシングが堂々と語られ、司法に携わるものの一部にあるジェンダー平等への鈍感さも、放置されて久しいです。人間が諸環境のなかで生きている以上、人間が環境の産物であるとすれば、まさしく、個人的なことは社会的なことであり、それを認めないと、問題をその人のせいにして、個人を非難することになるか、個人はひたすら反省しつづけることになります。そういう人間に誘導する役割を道徳教育は、一面で強化することは否定できないと思います。

　一方、私たちは、問題を社会との関係で捉えることに不慣れです。最近、その背景に日本人の基本的人権と民主主義への無理解に原因があるのではないかと思うようになりました。戦前そして戦後の 70 年間も、日本では人権や民主主義について、学ぶ機会がなかったといってもいいと思います。それが今、若ものの政治離れと低い投票率として表われているように思います。

　法務省は今、「人権とは、すべての人間が、人間の尊厳に基づいて持っている固有の権利である。人権は、社会を構成するすべての人々が個人としての生存と自由を確保し、社会において幸福な生活を営むために、欠かすことのできない権利であるが、それは人間固有の尊厳に由来する。」と規定しています。さらに、「すべての個人が自律した存在としてそれぞれの幸福を最大限に追求することができる平和で豊かな社会は、国民相互の人権が共に尊

重されてこそ初めて実現されるものである。」と述べています（「人権尊重の理念に関する国民相互の理解を深めるための教育及び啓発に関する施策の総合的な推進に関する基本的事項について」(1999年人権推進協議会答申)。

　しかし、一方で、生活保護を請求することを拒否する地方行政があり、3・11の原発事故による自主避難者には経済支援をしないなど、非民主的な政治の現実がありますが、家庭科で、そういう問題を取り上げることは、教科書でも実践でも皆無ではないにしても、著しく少しです。いのちと暮らしについて学ぶ教科であるにもかかわらずです。このことについては第Ⅰ部の5で少し触れていますが、政権の政策を教科書に書いて、また書かせても、批判は起きないが、それを批判する内容は、中立でないような批判が起きます。中立とは一つの意見を知ることではなく、複数の考えを知り、判断することです。

　まずは、家庭科の教科書で、「生活のしかた」を書くことをやめてはどうでしょうか。教科書の文章の末尾は、「○○することが大切である」「○○に気をつけよう」というものが多いです。生活は理屈ぬき慣習的なやり方もふだんの生活にあり、これらをすべて否定するわけではありませんが、学習内容と行動のしかたが結びついていることが多いのです。これでは、生活の問題を深めて社会に発言していく主権者としての力が育つわけはありません。

　そして今、自己責任に偏りがちな「自立」を学ぶように仕向けられています。一方に、いつでも、誰でもが健康で強い人間ではない、いや、誰もが弱さを抱えているからこそ人権尊重に基づく公的福祉を充実させようという意見があります。

　いのちを守り暮らしの向上にとって、どうするのがいいか、生徒たちが考え、判断し、行動できる力を育てる家庭科の授業をつくりだしていきませんか。

2023年4月

高校家庭科教科書検討会

世話人　鶴田　敦子

執筆者紹介

石垣　和恵　　（山形大学教員）　　　　　　　　　第Ⅱ部—2

石引　公美　　（都留文科大学非常勤講師）　　　　第Ⅱ部—10

大塚須美子　　（家庭科教育研究者連盟理事）　　　第Ⅱ部—6、7

大場　広子　　（元山形県立高等学校教員）　　　　第Ⅱ部—5

轡田　徳子　　（日本女子大学非常勤講師）　　　　第Ⅱ部—1

齊藤　弘子　　（元都立高校教員、　　　　　　　　第Ⅰ部—1、4
　　　　　　　　家庭科教育研究者連盟顧問）

鈴木　恵子　　（埼玉県公立高等学校教員）　　　　第Ⅱ部—4

鶴田　敦子　　（元聖心女子大学教員）　　　　　　まえがき、第Ⅰ部—4、5、6
　　　　　　　　　　　　　　　　　　　　　　　　資料2、あとがき

中川　千文　　（私立静岡北高等学校非常勤講師）　第Ⅱ部—8、9

中村　洋子　　（私立高等学校非常勤講師）　　　　第Ⅱ部—3

望月　一枝　　（日本女子大学客員研究員、　　　　第Ⅰ部—3
　　　　　　　　元秋田大学教員）

綿引　伴子　　（金沢大学教員）　　　　　　　　　第Ⅰ部—2

（五十音順）

求められる家庭科の変革
　　高校家庭科教科書の検討から

2023年4月25日　第1刷発行
定価：本体1700円＋税

編　　者　高校家庭科教科書検討会
発行者　佐久間光恵
発行所　株式会社 ドメス出版
　　　　東京都文京区白山3-2-4 〒112-0001
　　　　振替　0180-2-48766
　　　　電話　03-3811-5615
　　　　FAX　03-3811-5635
　　　　http://www.domesu.co.jp

印刷・製本　株式会社 太平印刷社
ISBN 978-4-8107-0864-6 C0037